DEEPAK CHOPRA (India, 1947) es médico y pionero de la medicina alternativa. Ha escrito más de 70 libros, traducidos a 43 lenguas, varios de los cuales han estado en la lista de los más vendidos de *The New York Times*. Se especializó en medicina interna y endocrinología; es miembro activo de la Academia Estadounidense de Médicos y de la Asociación Estadounidense de Endocrinólogos Clínicos, y colabora como investigador científico en la organización Gallup. Su labor y sus libros han ayudado a millones de personas a comprenderse mejor y a disfrutar de una vida más plena. En 2009 fundó el Centro Chopra, organización dedicada a mejorar la salud y el bienestar, cultivar la sabiduría espiritual, expandir la consciencia y promover la paz mundial. Es el divulgador de la filosofía oriental más destacado en el mundo occidental.

DAVID SIMON, coautor de este libro, es un médico y filósofo norteamericano, reconocido internacionalmente. Investigador de terapias tradicionales basadas en principios orientales y en la meditación, también es cofundador del Centro Chopra de Los Ángeles, y ha publicado varios libros en los que explica sus teorías sobre lasalud, la meditación y el conocimiento interior.

Papel certificado por el Forest Stewardship Council®

Título original: *Grow Younger, Live Longer*

Primera edición: enero de 2018
Tercera reimpresión: junio de 2024

© 2001, Deepak Chopra, M.D., y David Simon, M.D
Publicado por acuerdo con Harmony Books,
una división de Penguin Random House, LLC
© 2005, 2018, Penguin Random House Grupo Editorial, S. A. U.
Travessera de Gràcia, 47-49. 08021 Barcelona
© Adriana de Assan, por la traducción
Diseño de la cubierta: Penguin Random House Grupo Editorial
Fotografía de la cubierta: © Getty Images

Penguin Random House Grupo Editorial apoya la protección de la propiedad intelectual. La propiedad intelectual estimula la creatividad, defiende la diversidad en el ámbito de las ideas y el conocimiento, promueve la libre expresión y favorece una cultura viva. Gracias por comprar una edición autorizada de este libro y por respetar las leyes de propiedad intelectual al no reproducir ni distribuir ninguna parte de esta obra por ningún medio sin permiso. Al hacerlo está respaldando a los autores y permitiendo que PRHGE continúe publicando libros para todos los lectores. De conformidad con lo dispuesto en el artículo 67.3 del Real Decreto Ley 24/2021, de 2 de noviembre, PRHGE se reserva expresamente los derechos de reproducción y de uso de esta obra y de todos sus elementos mediante medios de lectura mecánica y otros medios adecuados a tal fin. Diríjase a CEDRO (Centro Español de Derechos Reprográficos, http://www.cedro.org) si necesita reproducir algún fragmento de esta obra.

*Printed in Spain* – Impreso en España

ISBN: 978-84-9070-422-6
Depósito legal: B-22.985-2017

Impreso en Liber Digital, S. L.
Casarrubuelos (Madrid)

BB 0 4 2 2 A

# Rejuvenecer y vivir más

**DEEPAK CHOPRA y DAVID SIMON**

Traducción de Adriana de Assan

# Introducción

En 1993 se publicó la primera edición de *Cuerpos sin edad, mentes sin tiempo*. El mensaje central del libro era que el cuerpo humano no es una máquina biológica sujeta al deterioro constante e implacable que causa el paso de los años. En realidad, los seres humanos somos unas redes de energía, información e inteligencia magníficamente organizadas y en permanente intercambio dinámico con el medio, plenamente capaces de transformarnos y renovarnos. Desde la publicación de ese libro, miles de pacientes del Centro Chopra para el Bienestar han experimentado cambios profundos en su estilo de vida aplicando los principios presentados en dicho libro, del cual se han hecho hasta la fecha once reediciones. De acuerdo con muchos lectores y críticos literarios, *Cuerpos sin edad, mentes sin tiempo* continúa siendo un método que posibilita invertir los efectos de la edad a partir del trabajo de la conciencia.

*Rejuvenecer y vivir más* amplía ese planteamiento e incluye un decálogo práctico que le permitirá adquirir hábitos nuevos y retrasará su biostato (su edad biológica o funcional) hasta quince años respecto de su edad cronológica. Hemos elaborado este libro en un formato sencillo y cómodo con el propósito deliberado de que usted pueda comenzar a poner en práctica estos pasos de inmediato. Cuando incorpore esta nueva percepción y praxis a su estilo de vida, notará que su bienestar físico y emocional mejora de manera instantánea. A medida que comience a revertir su edad biológica, recuperará la capacidad para aprovechar su inagotable fuente interna de energía, creatividad y vitalidad. Se sentirá más joven y también funcionará como si tuviera menos años.

Nuestra generación ha merecido elogios por su voluntad de cuestionar los supuestos imperantes en la sociedad. En lugar de considerar la segunda mitad de la vida como una época de deterioro progresivo de la mente y del cuerpo, vemos en el envejecimiento la oportunidad de adquirir mayor sabiduría, amor, creatividad, sentido de la vida, alegría y mayor capacidad física y mental. Cada vez es mayor el número de personas que viven hasta los ochenta, noventa y más años con un cuerpo sano y una mente lúcida.

El objetivo de la presente obra es convertirse en un manual para la renovación. Ofrecemos al lector tres recomendacines prácticas para cada uno de los diez pasos propuestos y le instamos a que cada semana ponga en práctica estos pasos, para que transcurridas diez semanas ya pueda aprovechar al máximo todos los recursos que tiene a su disposición. Aunque tomar conciencia es el primer paso esencial para cualquier transformación, por desgracia no le bastará con *leer* este libro para comenzar a invertir el proceso de envejecimiento: tendrá que *ejecutar* las recomendaciones todos los días a fin de cosechar los beneficios de este programa.

Si usted está familiarizado con alguno de nuestros libros anteriores quizá cuestione la importancia de revertir el envejecimiento. Dado que, como hemos afirmado en más de una ocasión, somos almas inmortales en una autopista cósmica eterna sin principio ni fin y puesto que nuestra naturaleza esencial es una realidad trascendental que escapa a las leyes del mundo material, ¿realmente es importante rejuvenecer y vivir más tiempo? ¿Por qué habría de interesarnos mantener una apariencia juvenil durante muchos años? ¿Es, acaso, por una simple cuestión de vanidad? ¿No nos apartará de nuestro verdadero ser?

Para quienes tienen estas inquietudes, nuestra respuesta es que, en la realidad profunda, todo es juego. La vida es un juego cósmico del escondite, en el cual nos perdemos para luego encontrarnos. En el fondo, todos somos miembros del mismo ser y no importa si somos jóvenes o viejos, malos o buenos, pecadores o santos. El verdadero propósito del libro es recordarle a usted, el lector, que esta realidad profunda, el ámbito de la potencialidad, del espíritu, es la esencia de su verdadero ser. Revertir el envejecimiento y rejuvenecer forma parte de la posibilidad. Es usted quien decide si desea activar esta opción y ponerla en marcha.

Creemos que nuestro propósito primordial aquí es buscar el potencial espiritual puro que está al alcance de todos. Como seres humanos, los vehículos que utilizamos para explorar nuestro potencial espiritual son el cuerpo, el sistema nervioso y la mente. Por consiguiente, consideramos que vale la pena prestar atención al funcionamiento óptimo de nuestro cuerpo/mente a fin de poder buscar nuestra verdadera naturaleza de seres espirituales.

Experimentar la vida a través de un sistema nervioso humano es un don milagroso de la creación. Somos la más afortunada de las especies porque podemos cambiar nuestras percepciones, interpretaciones y expectativas de la vida, y transformar así nuestra realidad. El resultado de modificar nuestras apreciaciones y actuar de manera nueva es que, literalmente, somos capaces de crear un cuerpo físico diferente. Tal como indica una expresión del sistema antiguo de sanación ayurvédico: «Para conocer las experiencias pasadas de una persona, es preciso examinar su cuerpo hoy. Para conocer el cuerpo que tendrá una persona en el futuro, es preciso examinar sus experiencias hoy.»

La base de esos principios y de este libro es que todos

los impulsos de la experiencia se transforman en química y electricidad en su cuerpo. Con cada pensamiento, sensación y sentimiento que usted experimenta, su sistema nervioso sufre cambios fisiológicos sutiles, generando mensajeros químicos que regulan su cuerpo. Estos comunicadores bioquímicos moldean sin cesar las moléculas de las que están hechos las células, los tejidos y los órganos.

La medicina del cuerpo/mente sostiene que usted puede ejercer una influencia sobre su salud y su bienestar a través de las decisiones que tome. La mente y el cuerpo están tan íntimamente vinculados, que un cambio en uno influye de inmediato en el otro. Nuestra experiencia personal y profesional en el Centro Chopra nos permite afirmar con seguridad que si usted aplica los principios y las prácticas que le ofrecemos en este programa, podrá mejorar su forma de pensar y de sentir. Usted tiene la capacidad de revertir su envejecimiento y en este libro encontrará las herramientas para hacerlo. Le damos la bienvenida a este viaje hacia la renovación y esperamos recibir noticias acerca de su éxito.

## Cómo usar este libro

El envejecimiento humano es reversible. Lea este manual al menos dos veces y cerciórese de que ha comprendido todos sus principios. Si tiene alguna duda, envíe un mensaje de correo electrónico a *younger@chopra.com*. Cuando esté seguro de haber comprendido la esencia del libro, fije una fecha para iniciar su programa de diez pasos. Este programa debe ser una rutina para diez semanas. Le sorprenderán los resultados.

Diez semanas es el tiempo que se necesita para crear un hábito. Felicidades: está usted a punto de iniciar el camino hacia una experiencia que hará que se vea, se sienta, y se mantenga joven durante toda la vida.

# 1

# Libérese de las cadenas del condicionamiento

*La experiencia «normal» del cuerpo y su envejecimiento son una respuesta condicionada: un hábito de pensamiento y de comportamiento. Al modificar estos hábitos, usted podrá transformar la experiencia de su cuerpo y su envejecimiento.*

Usted ha estado viviendo en una cárcel de muros invisibles porque los confines de su ser se derivan por completo de los hábitos y el condicionamiento de su mente. Si desea comprometerse con el proceso de rejuvenecer, debe liberarse de estas cadenas del condicionamiento. Usted no tiene la culpa de vivir sujeto a limitaciones innecesarias. Si se ata por la pata a una cría de elefante a una estaca clavada en el suelo, ésta aprenderá a moverse dentro de unos límites muy reducidos. Años después, convertida en un adulto poderoso, siempre que se le amarre al palo se quedará dentro de los confines marcados por la ligadura, pese a tener la fuerza suficiente para arrancar todo un árbol. Esto se debe a que se le ha condicionado para aceptar las limitaciones impuestas.

Asimismo, la mayoría de las personas piensan y actúan sin rebasar las estrechas acotaciones de lo que se les ha enseñado desde la infancia y no cuestionan los supuestos básicos sobre los cuales han estructurado su visión del mundo. Para vivir una vida más sana, plena y creativa, usted ha de reconocer que la mayoría de las cosas que considera ciertas se originan en unos hábitos de pensamiento. Todos nacemos en medio de una conversación establecida sobre el mundo en la que terciamos tan pronto como podemos hablar, reforzando con nuestros pensamientos y actos los patrones de pensamiento y de comportamiento que nos rodean. Por lo que se refiere a la forma de ver nuestro cuerpo y su envejecimiento, ésta es una verdad innegable.

Hasta hace poco, no eran demasiadas las personas que cuestionaban el supuesto de que el envejecimiento es irreversible y, por esta razón, los seres humanos hemos reforzado durante generaciones la idea extendida de que envejecer implica un deterioro de la capacidad física y mental. Ha llegado la hora de cambiar nuestros hábitos de pensamiento y comportamiento, y de alterar el modo en que experimentamos nuestro cuerpo y su proceso de envejecimiento.

## Las posibilidades cuánticas

Le invitamos a modificar su forma de pensar y experimentar el mundo y su cuerpo a partir de la sabiduría de las tradiciones orientales, de los asombrosos descubrimientos de la física cuántica moderna y de nuestra propia experiencia personal y profesional. Pese a que estas ideas puedan parecerle muy radicales en un comienzo, le instamos a que ejercite los enfoques prácticos que le ofrecemos y experimente por sí mismo la forma en que este programa puede revitalizar su mente y su cuerpo.

Desde el punto de vista de la física cuántica, la realidad es un lugar mágico y misterioso. Aunque en el plano físico de la vida diaria predominan el tiempo y el espacio, y la entropía, el deterioro y el envejecimiento son parte del devenir normal, nada de esto caracteriza la realidad cuántica; es el manantial de la potencialidad pura del cual brota la materia prima del cuerpo, la mente y el universo físico. El reino cuántico es el útero de la creación, el mundo invisible donde se diseña y ensambla lo visible. Podemos resumir los principios de la física cuántica en cinco puntos principales:

1. En el reino cuántico no hay objetos fijos, sólo posibilidades.

2. En el reino cuántico todo está entretejido y no puede desligarse.
3. Los saltos cuánticos son característicos de este reino. Un salto cuántico es la capacidad de desplazarse de un lugar en el espacio o el tiempo a otro, sin tener que pasar por ningún lugar o tiempo intermedio.
4. Una de las leyes del reino cuántico es el principio de la incertidumbre, según el cual un suceso es una partícula (materia) y a la vez una onda (energía). Es su intención la que le permite ver una partícula o una onda.
5. En el reino cuántico se necesita un observador para crear un suceso. Antes de que alguien vea una partícula subatómica, ésta existe sólo en forma virtual; así, todos los sucesos son virtuales hasta que se los observa.

Su propio sistema cuerpo/mente es también una manifestación del mismo campo cuántico subyacente a todo el Universo. Por consiguiente, usted puede aplicar estos principios cuánticos a la forma como ve su cuerpo y su envejecimiento. Éstos, expresados en términos de su biología, serían los siguientes:

1. Usted es algo más que un cuerpo físico con el cual se identifica por costumbre. Su estado esencial es un campo de posibilidades infinitas.
2. Su cuerpo forma con el Universo un todo inseparable. Cuando está perfectamente sano e íntegro, usted se siente en estado de expansión y, por el contrario, la molestia o malestar que se derivan de la sensación de separación merman su libertad.
3. Usted tiene la capacidad de dar saltos cuánticos en su forma de percibir y de interpretar. Mediante ellos, es capaz de alterar tanto la experiencia del cuerpo fí-

sico como su estructura misma. Su cuerpo físico es capaz de dar un salto cuántico de una edad biológica a otra sin tener que pasar por todas las demás edades intermedias.

4. Su cuerpo es a la vez material (como las partículas) e inmaterial (como las ondas). Está en sus manos optar por experimentar su cuerpo como físico o como una red de energía, transformación e inteligencia.
5. Antes de decidir qué edad biológica desea experimentar, están en usted todas las edades biológicas posibles. De modo que es su prerrogativa decidir la edad que desea tener.

Si escoge verse como una entidad física, separada de todo lo demás, descartará la probabilidad de revertir el proceso de envejecimiento. Pero si logra percibirse como un campo de posibilidades, íntimamente relacionado con todo lo demás, verá surgir nuevas oportunidades maravillosas. Anímese a utilizar estos pensamientos para desencadenar un cambio de paradigma en su conciencia, con el que llegará a comprender de manera totalmente diferente el sistema cuerpo/mente en el cual habita, el mundo que percibe y la esencia de su ser.

―――――

*Al ver su cuerpo desde la perspectiva de la física cuántica dará paso a nuevas formas de comprender y experimentar el cuerpo y su envejecimiento.*
*La esencia práctica de este novedoso concepto es que los seres humanos pueden revertir su envejecimiento.*

―――――

## En el lenguaje del espíritu

Las tradiciones del conocimiento buscan comprender y explicar el funcionamiento del Cosmos. La perspectiva de la física cuántica ofrece una forma fascinante de ver la vida, el cuerpo y el envejecimiento. Las tradiciones perennes de la sabiduría oriental posibilitan una concepción acerca de la naturaleza de la realidad igualmente asombrosa. Como exploradores tanto de la ciencia moderna como de las tradiciones antiguas del conocimiento, nos entusiasma y nos inspira ver la correspondencia cada vez más estrecha entre estas perspectivas diferentes de la vida. Según el *Ayurveda*, la antigua tradición de sanación de la India, el envejecimiento es una ilusión porque ni la mente ni el cuerpo son el verdadero ser. Su naturaleza esencial, *lo que usted es en realidad*, la constituye el ámbito de la conciencia siempre presente que está más allá de los planos físico y mental. De este campo de conciencia emanan a la vez los pensamientos de su mente y las moléculas de su cuerpo. La renovación emocional y física se fundamenta en nutrirse de ese ámbito de conciencia donde el tiempo y el espacio no tienen significado alguno.

El hecho de acceder a este campo de potencialidad pura tiene consecuencias tanto espirituales como físicas. Cuando usted reconoce que su yo esencial es un ser sin espacio y que es inseparable de todo lo demás que existe en el Cosmos, permite la entrada a su vida de mayor creatividad, significado y propósito. Si bien la forma de mejorar en profundidad la salud e invertir el proceso de envejecimiento es, en última instancia, espiritual, no todo el mundo está dispuesto a aceptar ese enfoque. Una persona querrá perder peso, otra podrá necesitar ayuda para dejar de fumar, mientras que una tercera buscará una relación amorosa más plena. Cada una de esas necesidades es importante por derecho propio, pero asumir el enfoque espiritual abre la puerta a la evolución de la conciencia, haciendo posibles todas esas cosas y muchas más.

---

*El enfoque espiritual significa que expandimos nuestra conciencia incluso mientras mantenemos la atención y la intención en el plano local.*

---

La razón por la cual realizamos cualquier acción es porque esperamos conseguir satisfacción, realización y felicidad. Al acogernos al ámbito espiritual, fuente y objetivo de todos los deseos de la vida, nos estamos dando la oportunidad de alcanzar estas metas a pesar de que cambien las situaciones, las circunstancias y las personas que nos rodean. Los afortunados que residen en este dominio han logrado lo que ha dado en llamarse la iluminación.

Ver nuestras alternativas desde una perspectiva espiritual implica formular las preguntas fundamentales de la vida: ¿Quién soy yo? ¿Por qué estoy aquí? ¿Qué deseo realmente? ¿De qué manera puedo servir mejor a los demás? Aunque en un primer momento estas preguntas pueden parecer irrelevantes para frenar el proceso de envejecimiento, lo cierto es que son fundamentales para la renovación. Al trasladar el punto interno de referencia del propio ser egocéntrico, cuyo sentido de lo que vale depende de la posición alcanzada y de las posesiones acumuladas, a la red de energía consciente, tejida con los hilos de la inteligencia universal, se produce un efecto profundo sobre la mente y el cuerpo. Cuando usted se convence de que la razón por la cual desea vivir hasta los cien años o más es poder expresar todo su potencial creador, *usted cambia su química y su fisiología*. Cuando identifica sus talentos singulares y se compromete a ponerlos al servicio de los demás, *usted fortalece su sistema inmune.* Cuando decide que hacer ejercicio con regularidad o preparar una comida equilibrada es una experiencia placentera, *usted mejora la salud de su sistema circulatorio y reduce su presión arterial.* Sus percepciones, interpretaciones y expectativas influyen sobre todos los aspectos de su salud mental y física. Al modificar su perspectiva y tomar decisiones nuevas usted accede a unas herramientas poderosas que le permiten cambiar su vida.

## La ventana a la renovación

Una forma de lograr grandes avances científicos es estudiando las situaciones, las circunstancias y los sucesos que constituyen la excepción al modo en que suelen suceder las cosas. Estos sucesos se denominan a veces anomalías o excepciones a la regla. La mayoría de los científicos hace caso omiso de las anomalías, cuando en realidad son éstas las que habríamos de estudiar. Si algo escapa a lo habitual, no importa de qué se trate, ni la frecuencia con la que se dé, ni cuán remota sea su probabilidad, significa el nacimiento de una nueva posibilidad. Y de ser así, necesariamente debe haber un mecanismo. Aunque sólo una persona entre diez millones se cure de un cáncer o de sida, debemos prestar atención. Casi todos los científicos tienden a ignorar sucesos poco frecuentes que no dejan huella sobre la visión prevaleciente del mundo y descartan una anomalía con el argumento de que es tan rara —una en diez millones— que no tiene objeto investigarla.

Pero no importa si algo ocurre una sola vez en diez millones, porque si ha sucedido, aunque sea esa única ocasión, ha de existir un mecanismo que lo explique. Y en ese caso, como científicos debemos tratar de conocerlo porque, una vez que lo comprendamos, quizá podamos reproducir el fenómeno.

Galileo, Copérnico, Newton y Einstein son ejemplos

de científicos que cuestionaron los supuestos prevalecientes en su época y ampliaron su visión para abarcar fenómenos que antes nadie había tenido en cuenta. Éstos y otros científicos notables prestaron atención a las anomalías y trataron de comprender el mecanismo que las explicaba. Cuando algo no encaja dentro del paradigma, no encaja dentro de los patrones, no encaja dentro de la teoría, nos obliga a cuestionar el modelo que estamos utilizando. Nos mueve a ampliar o cambiar la teoría para incorporar la situación excepcional.

Un ejemplo de esto es el de un amigo a quien le diagnosticaron sida hace más de quince años. Estaba al borde de la muerte cuando optó por cambiar su vida. Comenzó a meditar, a seguir una dieta sana y se comprometió a eliminar las toxinas de su vida. En la actualidad se encuentra perfectamente bien y apenas son perceptibles los niveles del VIH en su sangre. Hace años, era una anomalía, pero ahora conocemos a muchos como él. Nuestra teoría de la conciencia predice que si logramos una masa crítica de personas que comparten una misma experiencia, ésta será verdad para todo el mundo.

Pensamos que estos mismos principios son válidos para el envejecimiento humano. En la historia reciente, el promedio de la esperanza de vida del ser humano ha cambiado de manera ostensible: durante el Imperio Romano era de veintiocho años, mientras que alguien nacido en el mundo occidental a principios del siglo XX vivía del orden de cuarenta y nueve. Aunque en el pasado la elevada tasa de mortalidad infantil influía sobre la esperanza de vida, el segmento de mayor crecimiento de la población estadounidense en la actualidad es el de las personas mayores de noventa años.

La esperanza de vida de una niña nacida en Estados Unidos hoy es ligeramente inferior a ochenta años y la de un niño es de casi setenta y cuatro. En la historia ha habido muchas personas que han vivido hasta edades muy avanzadas y han hecho contribuciones de gran importancia para la civilización. Leonardo da Vinci dibujaba bosquejos a los sesenta años; León Tolstói escribía novelas a los setenta y Miguel Ángel continuaba esculpiendo a los ochenta. Winston Churchill, con su amor por los cigarros y el whisky escocés, permaneció activo y productivo hasta su muerte a los noventa años. A medida que nuestra conciencia colectiva acoja la creencia de que podemos tener la biología de la juventud unida a la sabiduría de la experiencia, ésa será la realidad generalizada.

## La ciencia del envejecimiento

Sabedores de que los seres humanos no envejecen a la misma velocidad, los científicos han descrito tres formas diferentes de caracterizar la edad de una persona. La primera es la *edad cronológica*, es decir, lo que indica su certificado de nacimiento, que de hecho mide el número de rotaciones de la Tierra sobre su eje y alrededor del Sol desde que usted abandonó el útero materno. Ningún enfoque mente/cuerpo puede alterar su edad cronológica, pero ésta es la que menor influencia ejerce sobre el modo en que usted se siente o funciona.

La segunda, *la edad biológica*, es una medida del estado de funcionamiento de sus sistemas fisiológicos. Es el componente más importante del proceso de envejecimiento. La edad biológica se calcula con referencia a una población promedio de personas que tienen su misma edad cronológica. Es posible determinar valores para casi todos los procesos bioquímicos y fisiológicos de distintos grupos de edades. Conocidos como marcadores biológicos del envejecimiento, o *biomarcadores,* incluyen la presión arterial, la cantidad de grasa corporal, los umbrales auditivos y visuales, los niveles hormonales, la función inmunológica, la regulación de la temperatura, la densidad ósea, el espesor de la piel, los niveles de colesterol, la tolerancia a la glucosa, la capacidad aeróbica y la actividad metabólica, entre otros (veáse la tabla de la página 27). Si usted conoce sus resultados, puede compararlos con el promedio para el grupo y ver si sus biomarcadores son más viejos o más jóvenes que los de sus coetáneos. Su edad biológica puede ser muy distinta de su edad cronológica. Una mujer de cincuenta años que cuida bien su salud puede tener la biología de una mujer de treinta y cinco. Por otro lado, un hombre de cincuenta años que ha descuidado su salud puede tener la biología de un hombre mucho mayor. No importa cuál sea su edad biológica en este momento, nosotros creemos que se puede alterar poniendo en práctica los cambios recomendados en este libro.

---

*La edad biológica es el componente*
*fundamental del proceso de envejecimiento.*

---

La tercera y última de ellas, *la edad psicológica*, es su experiencia subjetiva acerca de cuán viejo se siente. Hemos conocido muchas personas de sesenta años que dicen estar mejor que cuando tenían treinta. Quizás antes se fumaban dos paquetes de cigarrillos al día, estaban descontentas en su trabajo y no se alimentaban bien. Y desde que instituyeron los diez pasos para revertir el envejecimiento, su bienestar físico y mental ha mejorado. Han aprendido a relajarse y a disfrutar de la vida de tal manera que, pese a ser cronológicamente mayores, se sienten más jóvenes que hace varios años. La edad psicológica guarda una estrecha relación con la edad biológica. Cuando el cuerpo funciona con mayor eficiencia y energía, experimentamos esa vitalidad.

Aunque no podemos invertir nuestra edad cronológica, *sí* podemos invertir los indicadores más importantes de nuestra edad biológica y psicológica y, al hacerlo, recuperar la vitalidad física y emocional que teníamos en el pasado.

## Los marcadores biológicos del envejecimiento

CAPACIDAD AERÓBICA

NIVELES DE ANTIOXIDANTES

UMBRAL AUDITIVO

PRESIÓN ARTERIAL

TOLERANCIA A LA GLUCOSA

CANTIDAD DE GRASA CORPORAL

DENSIDAD ÓSEA

NIVELES DE LÍPIDOS Y COLESTEROL

NIVELES HORMONALES

FUNCIÓN INMUNOLÓGICA

ACTIVIDAD METABÓLICA

MASA MUSCULAR

FUERZA MUSCULAR

ESPESOR DE LA PIEL

REGULACIÓN DE LA TEMPERATURA

UMBRAL VISUAL

## Investigación sobre el envejecimiento

Durante la década de los setenta, Alexander Leaf, médico de Harvard, recorrió el mundo en busca del secreto de la salud y la longevidad. Visitó comunidades del sur de Rusia, el norte de Pakistán y las montañas de los Andes en Ecuador, puesto que se rumoraba que muchas de las personas de esas zonas vivían hasta los ochenta, noventa y más años en condiciones de dinamismo y vitalidad. En muchos casos, estas historias eran ciertas. Leaf descubrió que una de las características comunes a estas personas que habitaban en regiones muy distantes del mundo era su actitud frente al envejecimiento. En esas sociedades, el hecho de envejecer significaba mejorar; a los ancianos llenos de vida se los veneraba por su conocimiento, su vitalidad física y su presencia personal. Tenían la sabiduría de la experiencia y la biología de la juventud.

Otro estudio interesante fue el de Ellen Langer, psicóloga de Harvard. Trabajó con grupos de hombres de más de setenta y ochenta años a quienes instó a pensar y a comportarse como si tuvieran veinte años menos. Al cabo de tan sólo cinco días, se observaron en ellos una serie de cambios físicos asociados con el retroceso de la edad. La audición y la visión mejoraron, así como también los resultados de las pruebas de destreza manual y de movilidad de las articulaciones.

Estos dos estudios revelan una misma cosa: los resultados dependen de las expectativas; de modo que si usted espera que su capacidad mental y física disminuya con la edad, así será probablemente, pero si por el contrario anhela rejuvenecer y vivir más tiempo, ésa será su experiencia. A medida que aumente el número de personas que comiencen a pensar de forma diferente y a experimentar el retroceso de la edad por sí mismas, esa expectativa será la de todos.

## Cómo restablecer la energía vital

Cuando un médico desea verificar el estado de ciertos agentes bioquímicos del cuerpo, lo hace tomando una muestra de sangre. Se acepta que los resultados obtenidos a partir de una sola gota son válidos para todo el organismo. Por ejemplo, si queremos medir el nivel de azúcar en la sangre, basta con examinar una cantidad ínfima obtenida tras pinchar en un dedo. Suponemos que lo que revela una gota de sangre es lo que sucede en todo el cuerpo. Esta hipótesis se deriva del reconocimiento de que el cuerpo es como un holograma, lo que significa que el todo está presente en cada una de sus partes: cuando un aspecto cambia, todo cambia.

Si aplicamos este principio al retroceso del envejecimiento, veremos que un cambio saludable en un aspecto de la vida producirá un efecto positivo en el estado general de bienestar. Cuantas más opciones dañinas podamos reemplazar por otras positivas para la vida, mayores serán los beneficios profundos para el cuerpo, las emociones y el espíritu. Cuando revertimos un marcador biológico del envejecimiento, revertimos casi todos los demás. Por ejemplo, al mejorar la fuerza muscular aumenta la densidad ósea. Al mejorar la capacidad aeróbica, mejora la función inmunológica. Por consiguiente, nuestro programa de diez pasos para invertir el proceso de envejecimiento es un práctico enfoque holístico para lograr un cambio profundo en la calidad de vida. Son sistemas sencillos pero poderosos y nos llena de satisfacción poder compartirlos con usted.

---

*El cuerpo es holográfico; de modo que,*
*si modificamos un marcador biológico,*
*ejercemos un efecto sobre todos los demás.*

---

El condicionamiento de nuestra sociedad nos lleva a creer que a medida que envejecemos nos deterioramos física y mentalmente. Cuando usted logre desprenderse de ese condicionamiento, aprenderá por experiencia propia que cada día será capaz de mejorar de muchas formas su capacidad física y mental. Eso es lo que este libro promete. Si practica los diez pasos a diario, podrá revertir su edad biológica, que es la única que en realidad importa.

## 1.er PASO

## Revierta su edad biológica modificando sus percepciones

### ACTIVIDAD DIARIA

*Revierto mi edad biológica al modificar las percepciones que tengo acerca de mi cuerpo, su envejecimiento y el tiempo.*

*La forma de lograrlo es la siguiente:*

1. *Cambio mi percepción acerca del envejecimiento al modificar mi biostato y practicar diariamente los rituales que me recuerdan el punto biológico elegido.*
2. *Cambio mi percepción acerca del tiempo mediante la práctica de las técnicas de referencia al ser para llevar mi atención al factor inmutable en medio de la transformación.*
3. *Cambio la percepción que tengo de mi cuerpo al aprender a experimentarlo como un campo de energía, transformación e inteligencia mediante la técnica de la Energía, la Transformación y la Inteligencia.*

---

*La realidad se origina en las percepciones.
Al cambiar sus percepciones, usted modifica
su realidad. Si sustituye la percepción sobre
su cuerpo, su envejecimiento y el tiempo,
será capaz de revertir su edad biológica.*

---

Uno de los principios básicos del *Ayurveda* sostiene que somos lo que vemos. Y lo que vemos es un acto selectivo de atención e interpretación. Aunque usted recibe en cada momento un alud de miles de millones de impulsos sensoriales, filtra a voluntad la gran mayoría, permitiendo que sólo una fracción muy pequeña de ellos acceda en su conciencia. Sin duda, lo que usted admite en su conciencia depende de los patrones habituales según los cuales usted ve e interpreta el mundo.

A fin de aclarar esta noción, imagine que usted está sentado con una amiga en el banco de un parque. Del otro lado de la calle ven a una mujer paseando a un perro. Su amiga, que regenta una tienda de ropa femenina, de inmediato toma nota de lo que la mujer lleva puesto, examinando su ropa. Al considerar que no le agrada la vestimenta que luce la mujer, su amiga se siente algo molesta. Usted, un amante de los animales, apenas se fija en la mujer, pero centra su atención en el perro, pues le recuerda un cachorro que tuvo de niño y, en consecuencia, siente algo de nostalgia. ¿Cuál es la realidad? Es muy distinta para los dos a causa de sus actos selectivos de *atención* e *interpretación*.

---

*La realidad es flexible y está sujeta a modificaciones.*
*La realidad es producto de la percepción, que no es otra cosa*
*que un acto selectivo de atención e interpretación.*

---

¿Puede ver la copa?
¿Puede ver las caras?

¿Puede ver a la anciana?
¿Puede ver a la joven?

¿Ve un rostro? ¿Ve una
palabra manuscrita?*

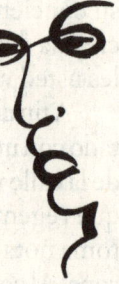

¿Ve un ave?
¿Ve un conejo?

\* Si se mira la página desde el lado izquierdo, se puede leer «liar» que significa mentiroso en inglés.

Hay muchos ejemplos visuales de este principio. Los dibujos que aparecen en la página anterior demuestran cómo la atención y la interpretación del observador determinan su realidad. Los datos sensoriales no se modifican cuando usted pasa de una interpretación a otra. Lo que usted ve cambia como consecuencia de un cambio en su estado de conciencia.

Lo que usted ve es producto de su atención y de sus interpretaciones y éstas, en última instancia, determinan sus creencias. Una creencia no es más que una interpretación que usted considera cierta. Por ejemplo, a causa de los hábitos de percepción, la mayoría de las personas que vivieron hace quinientos años creían que el Sol giraba alrededor de la Tierra. Cuando Copérnico sugirió que nuestro planeta no era el centro del Universo provocó un profundo malestar porque cuestionar las creencias prevalecientes siempre genera resistencia. Sin embargo, las ideas nuevas que amplían nuestra conciencia, mejoran la vida y nos acercan a la verdad son contagiosas. No pasa mucho tiempo antes de que una masa crítica de personas acoja la idea novedosa, y modifique de forma irreversible lo que cada uno cree sobre sí mismo y sobre el mundo.

Ahora que nos adentramos en el nuevo milenio, la visión de nuestros científicos más avanzados apenas comienza a influir en nuestras opiniones colectivas. Nuestras ideas acerca del cuerpo humano, su envejecimiento y hasta el tiempo mismo están sufriendo cambios profundos y nos estamos abriendo a unos estados de salud, vitalidad y longevidad sin precedentes. Veamos en qué forma podemos comenzar a acoger esas creencias más amplias, generadoras de poder.

*Sus hábitos de atención e interpretación dan lugar a unas creencias profundamente arraigadas, las cuales corresponden a las interpretaciones que usted considera ciertas. Las creencias modelan la biología.*

## Modifique su percepción del envejecimiento

La única forma de medir realmente el proceso de envejecimiento es por medio de los biomarcadores. Como usted sabe, los marcadores biológicos del envejecimiento son reversibles (repase la tabla de la página 25). Ha llegado la hora de usar el poder organizador de su intención para fijar una expectativa clara en el retroceso de su envejecimiento. Sus intenciones determinan sus propias expectativas y éstas influirán en el resultado.

Estudios científicos nos han revelado que todo lo que prevemos con respecto a nuestra salud tiene una mayor probabilidad de ocurrir. Los médicos se burlan en ocasiones de este planteamiento afirmando que es el efecto placebo, pero es precisamente este efecto el que rinde testimonio del poder de la intención. Cuando tanto el médico como el paciente creen en el poder de un tratamiento, los resultados positivos pueden ser hasta del cien por cien, aunque más tarde se determine que no tenía efecto farmacológico alguno. Si a un paciente asmático se le da agua con sal, asegurándole que le ayudará a respirar mejor, respirará sin dificultad como resultado del efecto placebo, pero si se le ofrece lo mismo y se le sugiere que no mejorará, experimentará un empeoramiento. Este efecto se denomina nocebo. En todas las condiciones imaginables —desde la hipertensión hasta el cáncer, desde las úlceras gástricas hasta la angina de pecho— la diferencia entre la salud y la enfermedad, la vida y la muerte, radicará en las expectativas de la persona. Resumimos este principio en una frase: nos convertimos en aquello que creemos ser.

Usted puede valerse de este principio con excelentes resultados. Establezca su intención de rejuvenecer y vivir más tiempo. Su intención es un activador poderoso de su farmacia interna. Su expectativa de rejuvenecer lo llevará a revertir su envejecimiento.

*Para graduar su biostato*

Cierre los ojos. Tome conciencia de su respiración y relaje todas las zonas de su cuerpo que estén sometidas a tensión. Ahora, elija la edad, dentro de los últimos quince años, que usted desearía tener desde el punto de vista biológico. Esto significa querer tener la capacidad física y mental de una persona sana a esa edad, que sus marcadores biológicos reflejen esos años en particular, y sentirse y verse con ellos. Supongamos por ejemplo, que usted tiene sesenta años. Escoja una edad entre los cuarenta y cinco y los sesenta. Imaginemos que elige los cuarenta y nueve años. Esa edad se convierte en su *biostato*, es decir, el punto en el cual gradúa su conciencia. De la misma manera que el termostato ajusta la temperatura de una habitación, su biostato organizará su psicología y su biología alrededor de la edad biológica elegida.

Éstos son los mecanismos que lo harán posible:

1. Su intención de permanecer en un punto particular del biostato influirá directamente en la energía, la transformación y la inteligencia de su cuerpo. Esto se debe a que su intención condiciona su bioquímica a través de su poder infinito de organización. Éste es el principio de la teleología, el cual establece que los resultados que se buscan se

encargan de regular los mecanismos biológicos que los harán posibles.
2. Manteniendo su biostato en la conciencia usted influirá en su pensamiento, sus estados de ánimo y su comportamiento, y reforzará su atención para mantener su biología en ese punto elegido. Una vez identificado el punto en el cual desea graduar su biostato, comience a reafirmarlo cinco veces al día. Le sugerimos que practique el siguiente ritual al despertar, antes del desayuno, antes del almuerzo, antes de la cena y antes de acostarse. En cada una de esas ocasiones cierre los ojos y repita mentalmente estas frases un mínimo de tres veces:

*Todos los días, en todas las formas,
aumento mi capacidad mental y física.
Mi biostato está graduado en una edad saludable
de \_\_\_\_\_ años.
Me veo y me siento como una persona sana de \_\_\_\_\_ años.*

A los pocos días de estar realizando este ritual usted comenzará a pensar y a actuar desde el nivel de su biostato. Esto influirá sobre todos sus hábitos pero, lo que es más importante, su percepción de su edad biológica y su forma de experimentarla comenzarán a cambiar. Empezará a creer en su biostato y su poder organizador, y su nueva creencia modelará su nueva biología.

## Modifique su percepción del tiempo

Para revertir el proceso de envejecimiento usted deberá modificar su forma de percibir el tiempo porque esa percepción regula su reloj biológico. Para hacerlo, debe hacerse una pregunta crucial: ¿Qué es el tiempo? En el mundo físico lo utilizamos para medir el flujo de sucesos de nuestra vida. Sin embargo, sabemos que nuestra experiencia del tiempo es cambiante. Por ejemplo, el tiempo en el sueño es muy diferente del tiempo durante la vigilia. En el sueño pueden suceder muchas cosas en un breve intervalo, porque en ese estado tenemos una percepción distinta por demás del tiempo. En el reino cuántico, el tiempo obedece a unas reglas distintas. La causa y el efecto no son lineales y los sucesos que en una situación normal consideraríamos «el futuro» pueden influir en los sucesos del «pasado». Cuando vislumbramos el reino del espíritu a través de la meditación o en una experiencia sobrecogedora, accedemos a un ámbito que está más allá del tiempo y del espacio. A esta experiencia se la denomina mente sin tiempo. Puesto que la mente y el cuerpo son inseparables, una mente sin tiempo implica un cuerpo sin edad. Cuando nuestra mente se detiene, el tiempo también lo hace, junto con nuestro reloj biológico.

Una de las formas de definir el envejecimiento es verlo como el metabolismo del tiempo. Imagine por un momento que usted pueda metabolizar la eternidad o el infinito en lugar del tiempo. Literalmente tendría un cuerpo inmortal. Los clarividentes antiguos de la tradición de los Vedas afirmaban que hasta las excursiones ocasionales hacia ese ámbito eterno o sin tiempo de la conciencia podían influir en el reloj biológico y prolongar la vida muchos años.

El cuerpo humano y sus funciones biológicas reaccionan a la experiencia del tiempo, de manera que su reloj biológico funciona de acuerdo con la experiencia que usted tenga del mismo. Al caso, sirvan de ilustración las palabras de Einstein cuando se le pidió que explicara la teoría de la relatividad en términos relacionados con la experiencia cotidiana: «Si me quemo en una estufa caliente, esa fracción de segundo me parece una eternidad. Pero si estoy con una mujer hermosa, hasta la eternidad me parece un segundo. Termina en un momento. Nunca es suficiente.»

La experiencia del tiempo es subjetiva. Si usted siempre va con prisa, su reloj biológico se acelera. Por el contrario, si siente que tiene todo el tiempo del mundo, su reloj biológico se ralentiza. Durante la meditación, cuando usted entra en la brecha que separa los pensamientos, el tiempo se detiene. Eso también sucede cuando se divierte con un juego que le agrada, cuando escucha una música hermosa, cuando experimenta la belleza de la naturaleza y cuando se enamora. El tiempo es una experiencia subjetiva en la conciencia y dicha experiencia se traduce en una reacción biológica de su cuerpo.

## *Para lograr acceso al factor inmutable*

Aunque las experiencias cambian, quien vive la experiencia reside en el ámbito de lo inmutable. Incluso en medio de cualquier situación usted puede tener acceso al experimentador con sólo cambiar su atención. Le proponemos un ejercicio muy sencillo. Mientras lee estas palabras, pregúntese: «¿Quién está leyendo?» Ahora, mire el recinto en el cual se encuentra y, al hacerlo, pregúntese en silencio: «¿Quién está observando?» Si oye música o hay una conversación en la habitación de al lado, mientras escucha los sonidos que lo rodean, pregúntese: «¿Quién está escuchando?» Al hacer estos cambios sutiles en su conciencia, reconocerá que la respuesta a estas preguntas es siempre la misma. Quien lee, observa y escucha no se limita a una experiencia en particular. No se circunscribe al tiempo o al lugar. Hay un testigo silencioso dentro de usted que es la misma presencia que usted era de niño, de adolescente, de adulto y *ahora*. Es la esencia de lo que usted es. Según el *Ayurveda*, este testigo silencioso es su Espíritu. Cuando usted no fija su punto interno de referencia en sus experiencias sino que lo hace en el ser que las experimenta, rompe la barrera del tiempo.

Propóngase dirigir su atención hacia el factor inmutable en medio del cambio. Hágalo preguntándose: «¿quién está viviendo la experiencia?», mientras centra su atención en su «yo» testigo. Esta práctica se denomina referencia al ser porque usted muta su atención al «yo» de la experiencia. Cuando usted fija su atención en los objetos de la experiencia, *la experiencia misma*, la conciencia adquiere la calidad de referencia al objeto. Cambiar la atención de la referencia al objeto a la referencia al ser es pasar de la conciencia restringida por el tiempo (mente limitada por el tiempo) a la conciencia sin tiempo (mente sin tiempo) porque el Ser es el factor sin tiempo en medio de la experiencia limitada por el tiempo.

Hay otras formas de experimentar la mente sin tiempo, pero en esencia todas ellas se basan en el mismo principio. Ir más allá del diálogo interno para penetrar en la mente silenciosa equivale a llegar a la mente sin tiempo. La próxima vez que experimente una tormenta emocional, dirija de immediato su atención a las sensaciones de su cuerpo y, de manera consciente, opte por dejar de interpretar la experiencia emocional. Cuando usted se centra en las sensaciones corporales que acompañan una emoción, pone fin a toda interpretación y su mente guarda silencio. Usted se convierte en el testigo silencioso de las sensaciones de su cuerpo y, al hacerlo, no sólo acalla su diálogo interior sino que también comienza a disipar la energía de la turbulencia emocional.

Otra forma de experimentar la mente sin tiempo es tomar conciencia de los espacios entre la respiración, entre los objetos de la percepción, entre los movimientos del cuerpo y entre los pensamientos. Si su atención está fija en uno de esos espacios y abandona la modalidad de interpretación, usted llega más allá de su diálogo interior al ámbito de la mente sin tiempo. Algunas personas pueden silenciar al instante su diálogo interior con sólo decirse mentalmente «¡basta!» Utilice lo que mejor le parezca.

La clave es tener la capacidad de convertirse en testigo silencioso y experimentar el Ser, aun durante la actividad. Es de vital importancia tener la capacidad de mutar la conciencia de lo que *cambia* a *lo que no cambia*. Comience a practicar: oriente su conciencia al Ser u observador, sienta su cuerpo sin interpretarlo y tome conciencia de los espacios entre los objetos.

Cuando logre mantener ese silencio, esa concentración, esa presencia interiores, incluso en medio de la actividad externa, usted tendrá una relación nueva con el tiempo y con todas sus experiencias. Cultivar esa conciencia del testigo siempre presente en medio de la conciencia limitada por el tiempo lo llevará a transformar para siempre su percepción del tiempo.

## Cambie la percepción que tiene de su cuerpo

Según la visión prevaleciente del mundo, el cuerpo es un vehículo material, semejante a un automóvil, cuyas partes se deterioran sin remedio hasta quedar inservible. La ciencia moderna y las tradiciones de la sabiduría nos indican que esa interpretación es errónea. Su cuerpo es algo más que un mecanismo físico generador de pensamientos y sentimientos. Es, en realidad, una red de energía, transformación e inteligencia en intercambio dinámico con el mundo que le rodea; con cada respiración, con cada bocado de alimento o trago de agua, con cada sonido, visión, olor y sensación su cuerpo se transforma. ¡Apenas desde que usted comenzó a leer este párrafo intercambió *cuatrocientos mil trillones* de átomos con su entorno!

Su cuerpo parece estático porque los cambios ocurren a un nivel demasiado sutil para que sea capaz de percibirlos por sí mismo. Los científicos pueden calcular el recambio de la materia del cuerpo marcando los átomos con material radiactivo y rastreando su metabolismo. Mediante este proceso hemos aprendido que el revestimiento del estómago se reemplaza cada cinco días, aproximadamente. La piel se muda más o menos cada mes. En cerca de seis semanas el hígado ha pasado por su proceso de regeneración, y en apenas unos cuantos meses la mayoría de los cristales de calcio y de fósforo que componen el esqueleto han llegado y se han ido. Más del 98% del total de los átomos del cuerpo humano se intercambia cada doce meses. Transcurridos tres años, sería difícil encontrar un átomo que hubiera sido parte de usted entonces y que pudiera considerar suyo ahora.

Para ayudarle a comprender este concepto, piense que su cuerpo es como una sucursal local de la biblioteca pública. Aunque la biblioteca parece estable en determinado nivel, en otro está cambiando sin cesar. Los libros entran y salen todos los días, se agregan algunos ejemplares nuevos, mientras que los viejos se llevan a las instalaciones del centro de la ciudad. Los libros en sí no definen una biblioteca: ésta representa el sitio y el proceso de este intercambio siempre cambiante de información.

Su cuerpo es como una llama que metaboliza a todas horas materia nueva. La materia inflamable y el oxígeno necesario para la combustión deben renovarse continuamente. El humo y los gases liberados cambian a cada momento. Y, no obstante, la llama parece ser siempre la misma. Los procesos de creación, mantenimiento y disolución operan de manera simultánea en una llama y también en su cuerpo.

Heráclito, el poeta griego, decía que no es posible identificar el mismo río dos veces porque el agua que corre por él es siempre nueva. Lo mismo que un río, que una biblioteca, que una llama, su cuerpo puede parecer el mismo en la superficie, pero en realidad es siempre cambiante. En lugar de ver su cuerpo como una máquina biológica estática, comience a considerarlo como un campo de energía e inteligencia que se renueva sin cesar. Para rejuvenecer, usted debe cambiar su forma de percibir su cuerpo y deshacerse de la idea de que es un saco de carne y huesos. Empiece a percibir su cuerpo como un flujo de energía vital, transformación e inteligencia, y así experimentará el retroceso del envejecimiento.

---

*Aunque el cuerpo parezca material, no lo es. En última instancia es, en realidad, un campo de energía, transformación e inteligencia.*

---

## El cuerpo de energía, transformación e inteligencia

Podemos resumir en una sola frase todo lo referido hasta ahora: al cultivar el hábito de pensar que su cuerpo es un campo de energía, transformación e inteligencia, usted comenzará a experimentarlo como un conjunto flexible y dinámico de conciencia, y no como una cosa fija y material. Reconocerá su naturaleza ondulatoria en lugar de corpuscular. Una forma de hacerlo es a través de los rituales diarios encaminados a reforzar esta nueva interpretación.

Su cuerpo es un campo de energía que forma un todo con la del Cosmos; es inagotable y permanece en movimiento constante. El término ayurvédico para este aspecto energético de la vida es *prana*, el cual se traduce en ocasiones como aliento de vida. Asimismo, su cuerpo está en un proceso de transformación continuo, en una relación dinámica permanente y eterna con los elementos y las fuerzas del Universo. Esto se conoce en *Ayurveda* como *tejas*, el fuego interno de la transformación. Por último, su cuerpo es la manifestación física de la inteligencia universal, la cual es suprema, divina e inmortal. El término ayurvédico que la describe es *ojas*, la expresión infinitamente flexible y fluida del cuerpo físico. Para revertir el proceso de envejecimiento, comience a utilizar las palabras *energía*, *transformación* e *inteligencia* de cara a reforzar la percepción de su cuerpo tal y como es en verdad: un campo de energía inagotable en transformación constante y una expresión física de inteligencia pura. Si lo prefiere, utilice los términos ayurvédicos *prana*, *tejas* y *ojas* como mantras para afianzar su nueva interpretación. A medida que comience a experimentar su cuerpo en su forma auténtica, cambiarán sus ideas sobre él y las reemplazará por nuevas creencias, las cuales, a su vez, generarán su nueva biología.

*Ejercicio: Su cuerpo de luz*

Por favor mire esta imagen.

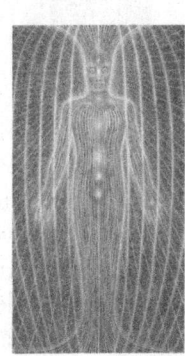

*Imagen «A»*

Vísceras, por Alex Grey. Cortesía de Sacred Mirrors: The Visionary Art of Alex Grey, Inner Traditions International. Utilizado con autorización.

La imagen «A» es la visión convencional del cuerpo humano que tendría un médico moderno. Refleja la forma en que su subconsciente percibe su cuerpo en este momento. Aunque esta percepción es exacta en el plano macroscópico, es una representación incompleta de la verdadera naturaleza de su cuerpo. Por consiguiente, no es la forma como debe imaginarlo.

Mire ahora la imagen «B», la cual es una buena representación de lo que es su cuerpo en realidad en el plano cuántico: un campo de energía, transformación e inteligencia. Es así como lo consideraron los antiguos clarividentes védicos, quienes lo denominaron el cuerpo «sutil». Este cuerpo sutil o de mecánica cuántica no puede desligarse en modo alguno de los campos de energía e inteligencia del Cosmos.

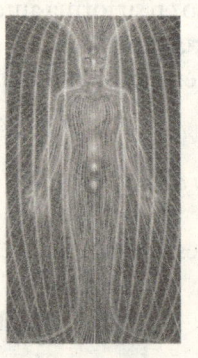

*Imagen «B»*

Sistema de energía espiritual, *por Alex Grey. Cortesía de* Sacred Mirrors: The Visionary Art of Alex Grey, *Inner Traditions International. Utilizado con autorización. (www.alexgrey.com)*

Vuelva de nuevo a la imagen «B». Ahora, cierre los ojos y trate de visualizarla en detalle. ¿Puede hacerlo? Ábralos. Mire otra vez la imagen. Repita este procedimiento tantas veces como quiera hasta que logre ver su cuerpo sutil (cuántico) con los ojos cerrados con igual nitidez que si los tuviera abiertos. Cuando tenga la plena seguridad de poder hacerlo, cierre los ojos y repita para sí: «energía *(prana)*, transformación *(tejas)*, inteligencia *(ojas)*».

Cada vez que inspire profundamente y tome conciencia de la respiración (algo que debe hacer en repetidas ocasiones cada día), cierre los ojos y repita en silencio la palabra *energía*, mientras visualiza su cuerpo de luz, tal cual está representado en la imagen «B». Asimismo, cuando coma hágalo de forma consciente y repita para sí la palabra *transformación*, a la vez que visualiza su cuerpo de luz en proceso de cambio. Por último, siempre que beba un sorbo de agua, repita en silencio la palabra *inteligencia* e imagine su cuerpo de luz como algo fluido y flexible. Siempre que lleve a cabo este ritual estará iniciando el proceso de reestructuración de su percepción y de la experiencia de su cuerpo, trasladándolas de lo material a lo sutil.

## *Para percibir su cuerpo de luz*

### *Revitalice la energía* (prana)

La energía vital anima tanto el cuerpo como la mente. Utilice la palabra *energía* a lo largo del día, sintiendo al mismo tiempo que la fuerza vital rejuvenece todas las células, los tejidos y los órganos de su cuerpo.

Piense en «energía» cada vez que:

- Pase por un jardín.
- Salga al exterior de un recinto.
- Practique los ejercicios de respiración (véase el capítulo 7).

### *Revitalice la transformación* (tejas)

La fuerza esencial de transformación es el fuego primordial de la vida. Utilice la palabra *transformación* a lo largo del día para estimular el proceso mediante el cual la energía muta sin cesar de una forma a otra.

Piense en «transformación» cada vez que:

- Ingiera un bocado de alimento.
- Sienta el sol sobre su cuerpo.
- Observe el firmamento durante la noche.

### *Revitalice la inteligencia* (ojas)

Cuando la inteligencia abunda y circula libremente en su cuerpo, todos sus sistemas fisiológicos —cardiovascular, digestivo, neurológico, hormonal e inmunológico— funcionan en su nivel óptimo. Utilice la palabra *inteligencia* a lo largo del día para nutrir cada célula de su cuerpo.

Piense en «inteligencia» cada vez que:

- Beba un sorbo de agua.
- Camine por la orilla de un curso natural de agua.
- Beba jugos de frutas frescas u otras bebidas sanas.

Además de repetir para sí estas palabras en pro de revitalizar la energía, la transformación y la inteligencia mientras respira, come y bebe, utilícelas al hacer ejercicio. Siempre que realice una actividad rítmica como caminar, correr, nadar o montar en bicicleta, repita en silencio «energía, transformación, inteligencia... energía, transformación, inteligencia...», o «*prana, tejas, ojas... prana, tejas, ojas...*», concentrando toda su atención en su cuerpo. Al cabo de un tiempo, comenzará a experimentar su cuerpo de manera diferente porque sus percepciones habrán cambiado.

## El cuerpo como un río de renovación

Su cuerpo no es una estructura mecánica anclada en el tiempo y el espacio. Es un campo de energía, transformación e inteligencia en intercambio dinámico con su ambiente, capaz de perpetuar la sanación, la renovación y la transformación.

Siéntese en un lugar cómodo, cierre los ojos e inspire profundamente. Ahora espire muy despacio el aire de sus pulmones y visualice su respiración como un torrente de moléculas que sale de cada una de las células de su cuerpo. Con cada espiración usted libera átomos de cada uno de los órganos de su cuerpo, mientras que con cada inspiración aporta átomos a cada célula y órgano de su cuerpo. Usted renueva su cuerpo y reemplaza partes de él cada vez que respire.

Continúe respirando e imagine su cuerpo como un río continuo de energía y transformación que se renueva y refresca sin cesar.

Dirija su atención al estómago y reconozca que todo el revestimiento de ese órgano se renovará al cabo de una semana. Ahora concéntrese en la piel y reconozca que al cabo de un mes se habrán reemplazado todas las células y tendrá una piel nueva.

Visualice su esqueleto. Los átomos que lo constituyen en la actualidad serán reemplazados por otros nuevos en cuestión de tres meses. Piense en su hígado. Tendrá uno nuevo en seis semanas.

Ahora sienta todo su cuerpo. En casi un año, todo él se habrá renovado. Diga en silencio: «Renuevo mi cuerpo con cada respiración.» Vea su cuerpo tal y como es en realidad: infinitamente flexible, fluido y en constante renovación.

*Todos los días, en todas las formas, aumento
mi capacidad mental y física.
Mi biostato está graduado en una edad saludable
de _____ años.
Me veo y me siento como una persona sana de _____ años.*

***Revierto mi edad biológica:***

- *Al modificar la percepción que tengo de mi cuerpo, su envejecimiento y el tiempo.*

## 2.º PASO

# Revierta su edad biológica mediante dos formas de descanso profundo: Reposo consciente y sueño reparador

## ACTIVIDAD DIARIA

*Revierto mi edad biológica mediante dos formas de descanso profundo: reposo consciente y sueño reparador.*

*La forma de lograrlo es la siguiente:*

1. *Experimento el reposo consciente a través de la meditación con los ojos cerrados durante un mínimo de veinte minutos dos veces al día.*
2. *Experimento la renovación y el rejuvenecimiento todas las noches por medio del sueño reparador.*
3. *Sincronizo mis ritmos biológicos con los ritmos de la naturaleza.*

*La agitación del cuerpo y de la mente engendra malestar y acelera el envejecimiento. El descanso profundo del cuerpo y la mente revierte la edad biológica.*

El siguiente paso para rejuvenecer y vivir más tiempo consiste en experimentar el descanso profundo del cuerpo y de la mente. Cuando el sistema cuerpo/mente está agitado genera entropía, deterioro y envejecimiento, pero si está descansado fomenta la creatividad, la renovación y el retroceso del envejecimiento. Puesto que el cuerpo y la mente son uno solo, cuando la mente está en reposo profundo, lo mismo le sucede al cuerpo, aunque la experiencia nos enseña que la mente rara vez se encuentra en estado de reposo. La verdad es que la mayor parte del tiempo está lista para luchar o huir. Esta respuesta de lucha o huida, denominada también de estrés, se produce cuando sentimos que se cierne sobre nosotros algún tipo de amenaza, por ejemplo, el envejecimiento. La respuesta de estrés genera cambios fisiológicos que dañan el cuerpo y aceleran el proceso de envejecimiento. Es muy probable que usted conozca lo que se siente en estado de estrés, pero quizá no sepa lo que le sucede a su cuerpo durante el mismo. Entre los cambios fisiológicos que acompañan la respuesta de lucha o huida están los siguientes:

- Aceleración de los latidos del corazón.
- Elevación de la presión arterial.
- Aumento del consumo de oxígeno.
- Liberación de una mayor cantidad de bióxido de carbono.
- Aceleración de la respiración.

- Respiración superficial.
- Aumento del bombeo de sangre.
- Transpiración.
- Liberación de adrenalina y noradrenalina desde las glándulas suprarrenales para constreñir los vasos sanguíneos.
- Bombeo de cortisol desde otra parte de las glándulas suprarrenales.
- Aumento de la producción de glucagón en el páncreas.
- Disminución de la producción de insulina en el páncreas.
- Elevación del nivel de azúcar en la sangre como consecuencia del aumento del glucagón y la disminución de la insulina.
- Disminución del aporte de sangre a los órganos digestivos y aumento del riego sanguíneo a los músculos.
- Disminución de la producción de la hormona del crecimiento en la hipófisis.
- Menor producción de hormonas sexuales.
- Supresión del sistema inmunológico.

Walter Cannon, un científico estadounidense de principios del siglo XX, fue el primero en describir la respuesta de lucha o huida. Deseaba comprender por qué algunas personas enfermaban e incluso morían a consecuencia del estrés. Descubrió que cuando nos enfrentamos con una situación amenazadora, una parte de nuestro sistema nervioso involuntario se activa de forma instantánea y automática. El sistema nervioso desencadena un proceso en el cual se elevan la presión arterial y la frecuencia cardíaca y se estimulan las glándulas suprarrenales para liberar adrenalina. Si la amenaza y la respuesta neurológica son severas y no desaparecen, pueden producirse cambios corporales dañinos.

Cannon estudió sociedades tribales en las cuales se expulsa de la comunidad a las personas que transgreden las reglas importantes. Un médico brujo apunta con un hueso al infractor, y cae sobre éste una «maldición». El resultado es que deja de considerarse miembro de la comunidad de los vivos al transgresor, y se le aparta de todas las interacciones sociales y también de su propia familia. Estos marginados entran en un estado tan intenso de estrés que su sistema circulatorio se derrumba. Mueren literalmente de miedo, por lo general al cabo de sólo unos pocos días.

Otro científico, Hans Selye, al investigar más a fondo la respuesta de estrés descubrió que, además de los cambios del sistema nervioso, también participan en la lucha muchas hormonas importantes que afectan a todos los órganos del cuerpo, entre ellos el corazón, el estómago, el hígado, los órganos sexuales y el sistema inmunológico. Si el estrés es prolongado y constante, toda la fisiología se agota, el cuerpo es incapaz de mantener su equilibrio y, finalmente, se derrumba.

Un estrés que dura demasiado puede causar enfermedades y acelerar el envejecimiento. Con el tiempo, la respuesta de estrés puede producir hipertensión, dolencias cardíacas, úlceras gástricas, enfermedades autoinmunes, cáncer, ansiedad, insomnio y depresión. Quizás usted se pregunte: «Si la respuesta de lucha o huida es tan nociva, ¿por qué la creó la naturaleza?» El propósito original de esta respuesta de lucha o huida era ayudar a la humanidad a sobrevivir en situaciones amenazadoras. La persona, ante la posibilidad de que la devorase una fiera, debía luchar o salir corriendo a fin de salvar la vida. Considerando que los seres humanos no poseemos una piel gruesa ni grandes colmillos, fue nuestra capacidad para reaccionar rápidamente ante las amenazas la que nos ayudó a sobrevivir en medio de los peligros.

En la actualidad, esa respuesta sigue siendo útil, por

ejemplo cuando un bombero entra en un edificio en llamas para rescatar a un niño o cuando corremos a la acera para evitar que nos atropelle un conductor imprudente que circula a gran velocidad. Sin embargo, esa respuesta de lucha o huida no nos brinda un buen servicio la mayor parte del tiempo. Podemos activarla en medio de un embotellamiento o al tener que afrontar un plazo límite en el trabajo, situaciones en las cuales ninguna de las dos alternativas es viable. La presión de cumplir con algo produce daño cuando no podemos liberarla. Las consecuencias de mantener activada la respuesta de estrés durante mucho tiempo aceleran el proceso de envejecimiento y nos hacen susceptibles a la enfermedad.

Lo contrario de la respuesta de lucha o huida es la *respuesta de reposo*. Hay dos tipos de respuestas de reposo: el reposo consciente y el sueño reparador. El reposo consciente es un estado en el cual el sistema cuerpo/mente está en reposo profundo mientras que la mente está despierta. El sueño reparador es el estado en el cual el sistema cuerpo/mente está en reposo profundo y la mente está dormida. Estos dos estados renuevan el cuerpo, aunque algunos estudios indican que el reposo consciente puede proporcionar un descanso todavía más profundo que el sueño. Sin embargo, en nuestro objetivo de revertir la edad, las dos experiencias resultan igualmente importantes. El reposo consciente tiene lugar durante la meditación. El sueño reparador abarca tanto el período durante el cual soñamos como aquel durante el cual dormimos sin soñar. La experiencia subjetiva de la respuesta de reposo es la relajación. Los cambios fisiológicos que ocurren en ese estado son los siguientes:

- Disminuye la frecuencia cardíaca.
- La presión arterial se normaliza.
- El consumo de oxígeno se reduce.
- El oxígeno se utiliza de una manera más eficiente.

- Se expulsa menos bióxido de carbono.
- La respiración se hace más lenta.
- El corazón bombea menos sangre.
- La transpiración disminuye.
- La glándulas suprarrenales producen menos adrenalina y noradrenalina.
- Las glándulas suprarrenales producen menos cortisol.
- Se segregan más hormonas sexuales, en particular la dehidroepiandrosterona (DHEA).
- La hipófisis libera más hormona del crecimiento (hormona que combate el envejecimiento).
- La función inmunológica mejora.

## La respuesta del reposo consciente

El reposo consciente es una respuesta natural del sistema cuerpo/mente, tan natural como la de estrés. La forma más directa de experimentar el reposo consciente es a través de la meditación. Ésta, que ha formado parte de las culturas orientales desde hace miles de años, es comparativamente reciente en Occidente. A pesar de haberse dado a conocer hace poco tiempo, muchos estudios han demostrado que cualquier persona puede aprender a meditar con facilidad y disfrutar de los cambios fisiológicos de los meditadores experimentados.

Podría decirse que los cambios corporales inducidos por el reposo consciente durante la meditación son opuestos a los generados por la respuesta de lucha o huida. Durante la meditación disminuye la frecuencia respiratoria, la presión arterial desciende y los niveles de las hormonas del estrés caen. El consumo de oxígeno se reduce casi a la mitad que durante el sueño. Lo fascinante de estos cambios fisiológicos es que mientras el cuerpo descansa profundamente, la mente permanece despierta, pero sosegada. Los estudios de las ondas cerebrales revelan una mayor coherencia entre las partes del cerebro durante la meditación. Estos cambios físicos y mentales no se observan durante la vigilia y tampoco durante el sueño. La combinación singular de relajación física y mente alerta pero en sosiego explica el término *reposo consciente* y en ella radica la diferencia con el sueño reparador.

Las personas que experimentan el reposo consciente con regularidad presentan una menor incidencia de hipertensión, enfermedad cardíaca, ansiedad y depresión. Pueden deshacerse con más facilidad de hábitos nocivos como el tabaquismo, el alcoholismo y las drogodependencias. También presentan una mejor función inmunológica y son menos susceptibles a las infecciones. La investigación sobre los meditadores revela que son muchos los cambios favorables en el estado de salud y que hay además un retroceso de los marcadores biológicos del envejecimiento.

Algunos estudios han demostrado que cuanto mayor es el tiempo que llevan las personas practicando la meditación, menor es la edad que reflejan sus pruebas de edad biológica. En algunos casos, esta diferencia es hasta de doce años, respecto de su edad cronológica. Otras investigaciones han revelado que la meditación practicada con regularidad puede desacelerar o revertir ciertos cambios hormonales que por lo general se asocian al envejecimiento. Uno de los ejemplos más interesantes es el de la hormona DHEA, cuyos índices son más elevados en las personas que meditan en comparación con las que no lo hacen. Sabemos que los niveles de DHEA disminuyen de forma paulatina a medida que envejecemos. Esto ha llevado a algunas personas a sugerir que se podría revertir el envejecimiento si se suplementara la dieta con esta hormona. En nuestra opinión, es mejor elevar los niveles de DHEA a través de la meditación. Existen evidencias claras de que puede revertirse la edad biológica destinando tiempo para aquietar la mente y experimentar el reposo consciente.

Debe tener presente que la respuesta del reposo consciente (meditación) es una forma muy importante de revertir el proceso de envejecimiento. Si bien podría estar preguntándose cómo encontrar tiempo para meditar, lo instamos a que integre esta práctica en su vida, como algo primordial. En realidad le servirá para crearse más tiempo porque su eficiencia será mucho mayor si su mente está calmada y concentrada. Recomendamos veinte minutos de reposo consciente (sentarse a meditar con los ojos cerrados) dos veces al día. Las mejores horas para hacerlo son al despertar temprano en la mañana y hacia el final de la tarde o primeras horas de la noche. La meditación matutina marca el comienzo de su jornada con una actitud mental fresca y sosegada. La sesión de la tarde o de la noche le ayudará a confortar su mente después de un día de actividad.

El tiempo que dedique al reposo consciente se traducirá en beneficios inmediatos. Observará que se relaja durante la meditación y que aumenta su energía y su creatividad a lo largo del día. Si no ha meditado nunca, comience con la técnica del *so jam*. Después de practicar ese método durante un tiempo, le recomendamos aprender un proceso más específico y personalizado, conocido como meditación con los sonidos primordiales, que enseñan nuestros instructores certificados. Esta forma de meditación se hace con unos mantras individuales basados en la hora, la fecha y el lugar de nacimiento de cada persona. En la actualidad hay más de quinientos instructores de este tipo de meditación en el mundo.

## **Meditación con** *so jam*

1. Siéntese relajado en un lugar donde nada ni nadie le moleste y cierre los ojos.
2. Inspire lenta y profundamente por la nariz, repitiendo para sí la palabra *so*.
3. Espire poco a poco por la nariz, mientras repite en silencio la palabra *jam*.
4. Siga respirando de forma pausada, repitiendo para sí *so... jam...* con cada inspiración y espiración.
5. Cada vez que se distraiga a causa de sus pensamientos, los sonidos del ambiente o las sensaciones de su cuerpo, vuelva a concentrarse con calma en la respiración y repita mentalmente *so... jam...*
6. Continúe con este proceso durante veinte minutos, manteniendo una actitud de naturalidad y simplicidad.
7. Transcurrido el tiempo, permanezca sentado con los ojos cerrados unos cuantos minutos más antes de proseguir con las actividades cotidianas.

Puede experimentar varias sensaciones al practicar esta técnica, pero, con independencia de cuáles sean, su actitud debe ser de «ausencia de resistencia». Renuncie a su necesidad de controlar o de prever lo que ocurrirá durante la práctica. Cualquiera de las experiencias siguientes son señal de que está meditando del modo correcto:

1. Su atención permanece en su respiración mientras repite mentalmente el mantra *so jam*.
2. Su mente se deja llevar por un hilo de pensamien-

tos. Algunas veces los pensamientos parecen sueños, mientras que otras usted sentirá que sólo está pensando con los ojos cerrados. En cualquier caso, si advierte que su atención se ha apartado de su respiración y del mantra, retorne sin brusquedad a ellos.
3. En ocasiones al principio, y después con más frecuencia, usted experimentará un estado carente de pensamientos. Su mente está en calma y su cuerpo, profundamente relajado. A esto lo llamamos «penetrar en la brecha», o la experiencia de la mente sin tiempo. Con la práctica regular de la meditación, el silencio interior que experimenta estando en la brecha irradiará a todos los aspectos de su vida.
4. Habrá ocasiones en que se dormirá mientras medita. Puesto que la meditación es un proceso plácido y natural, si su cuerpo está fatigado, aprovechará para dormir. Preste atención a ese mensaje de su cuerpo y comprométase a procurar el descanso profundo que necesita.

Una de las quejas más comunes de las personas que se inician en la meditación es que les sobrevienen muchos pensamientos. Lo cierto es que pensar forma parte de la meditación y es imposible obligar a la mente a dejar de hacerlo. Sencillamente, deje que sus pensamientos vayan y vengan, y su mente no tardará en aquietarse. Cuando comience a practicar podrá sentir la relajación mientras permanece sentado, pero quizá vuelva a sus reacciones de tensión al reanudar sus actividades cotidianas. Con el tiempo su vida se impregnará cada vez más del reposo consciente que ha adquirido durante la meditación. Al enfrentarse con los desafíos diarios de su condición de ser humano, le será más fácil mantener su calma interior y a medida que aprenda a evitar las reacciones innecesarias y exageradas, desacelerará su proceso de envejecimiento.

*La respuesta del reposo consciente revierte
el proceso de envejecimiento.*

## Sueño reparador

Además del reposo consciente, usted necesita un mínimo de seis a ocho horas de sueño reparador todas las noches, lo que implica poder conciliar el sueño con facilidad tras apagar la luz y dormir profundamente toda la noche. Si necesita levantarse al baño a la mitad de la noche, podrá volver a dormirse con facilidad. Sabrá que ha tenido un sueño reparador si al despertar se siente lleno de energía, alerta y vibrante. Si se siente cansado y sin entusiasmo al despertar es porque su sueño nocturno no ha sido reparador.

El sueño reparador es la base de su bienestar mental y físico. Hay millones de personas que sufren de algún tipo de insomnio, lo que les produce fatiga y falta de claridad mental, y debilita su salud mental y física. También contribuye a favorecer los accidentes, tanto menores como mayores. Las investigaciones llevadas a cabo han demostrado que si la persona se despierta a las tres de la mañana y ya no es capaz de conciliar el sueño, sus células inmunes funcionan peor durante las siguientes veinticuatro horas. Después de una noche completa de sueño profundo, éstas recuperan su capacidad de combatir las enfermedades. Como sucede con el resto del organismo, las células inmunes se agotan y necesitan descansar.

Basta con un pequeño cambio de atención y de comportamiento para disfrutar de un sueño profundo y reparador todas las noches.

La falta del buen dormir suele ser producto de los malos hábitos, de manera que si los modifica evitará la entropía derivada de la fatiga y avivará su creatividad y vitalidad. Además, obtendrá los beneficios de retroceso de la edad que vienen con el sueño reparador.

*Cómo prepararse para un sueño reparador*

Después de un día de actividad estimulante, usted está listo para dormir profundamente y lo necesita. Trate de lograr entre seis y ocho horas de sueño profundo sin la ayuda de medicamentos. Las horas de sueño antes de la media noche son las más rejuvenecedoras. Por consiguiente, si duerme ocho horas entre las diez de la noche y las seis de la mañana, se sentirá más descansado que si duerme ocho horas entre la media noche y las ocho de la mañana. Ensaye la rutina siguiente para promover el sueño reparador:

*Rutina nocturna*
- Cene antes las siete de la noche, a fin de no acostarse con el estómago lleno, y procure que lo que ingiere sea ligero.
- Salga a dar un paseo después de cenar.
- En la medida de lo posible, evite las actividades emocionantes, molestas o mentalmente intensas después de las 20.30.

*A la hora de acostarse*
- Trate de estar en la cama con las luces apagadas entre las 21.30 y las 22.30. Si no tiene la costumbre de acostarse tan temprano, adelante la hora de irse a dormir media hora cada semana hasta que logre acostarse a las 22.30. Por ejemplo, si suele ver la televisión hasta la media noche, trate de apagarla a las 23.30 durante una semana. Después, intente desconectarla media hora antes, hasta llegar finalmente a las 22.30.

- Una hora antes de dormir, prepare un baño caliente con unas gotas de aceite esencial relajante de aromaterapia, como lavanda, sándalo o vainilla. También puede aromatizar su alcoba.
- Mientras se llena la bañera, hágase un masaje suave con aceite de sésamo o de almendra (véase la descripción del masaje que aparece más adelante).
- Tras el masaje, disfrute del baño durante diez o quince minutos.
- Ilumine el cuarto de baño con una luz tenue o una vela y escuche música relajante.
- Después del baño, beba algo caliente. Puede ser un tazón de leche con nuez moscada y miel, o una infusión de manzanilla o de raíz de valeriana. Si lo desea, coma una galleta pequeña o...
- Si su mente está muy inquieta, dedique unos minutos antes de acostarse a descargar algunos de sus pensamientos y preocupaciones para no tener que pensar en ellos cuando cierre los ojos.
- Lea libros inspiradores o de temas espirituales durante unos minutos antes de acostarse. Evite las novelas dramáticas u otro material de lectura que le produzca desasosiego.
- No vea la televisión ni trabaje en la cama.
- Una vez acostado, cierre los ojos y «sienta su cuerpo», es decir, concéntrese en él y, si observa tensión, relaje de forma consciente la zona correspondiente.
- Después, observe su respiración normal y natural hasta que concilie el sueño.

*Plan de contingencia*
- Si aún tiene dificultades para conciliar el sueño, póngase algo tibio sobre el estómago, en la zona del plexo solar. Utilice una bolsa o una almohada caliente para aliviar el cuerpo y calmar la mente.

- Repita el mantra para dormir: *Om agasthi shahina*.
- Trate de dormir sobre el estómago con los pies colgando fuera de la cama. En noches frías, póngase calcetines para mantener los dedos calientes.
- Si se despierta a medianoche y tiene dificultad para dormirse de nuevo, trate de reclinarse en un sillón blando y cómodo y cúbrase con una manta. Es posible que le sea más fácil conciliar el sueño estando ligeramente incorporado.
- Si todo lo demás falla y no logra dormir bien, pruebe a no cerrar los ojos en toda la noche ni dormitar durante el día siguiente. A las 9 de la noche del día siguiente tanto su cuerpo como su mente estarán listos para dormir. Esta estrategia podría reorganizarle sus ritmos biológicos.

Vale la pena recordar que si permanece tranquilo en la cama, repitiendo para sí el mantra para dormir, su actividad metabólica bajará a un nivel casi igual al del sueño profundo. Aunque su mente continúe un poco activa, su cuerpo logrará el reposo que necesita. Por tanto, no se preocupe si no concilia el sueño de inmediato; mantener alejadas las preocupaciones le ayudará a caer con facilidad en un sueño profundo.

---

*El sueño reparador acelera la sanación, minimiza la entropía y revitaliza la renovación.*
*Lo contrario precipita el envejecimiento.*

---

# El masaje

El masaje le brinda acceso a su farmacia interior. La piel es una fuente rica en hormonas rejuvenecedoras, las cuales pueden liberarse por medio del masaje. Un masaje lento y tranquilizante ayuda a liberar las sustancias naturales relajantes del organismo. Un masaje rápido y vigorizante ayuda a liberar los agentes generadores de energía. Recomendamos el automasaje como un componente valioso de su rutina diaria para revertir el envejecimiento. A fin de predisponerse al sueño, hágase el masaje con movimientos lentos y suaves. Para procurarse energía en las mañanas, practíquese un masaje más vigoroso. Si desea perder algunos kilos de más, hágase el masaje con un guante exfoliante de crin.

## Masaje completo

Para el masaje completo necesitará apenas unas pocas cucharadas de aceite tibio. Comience por el cuero cabelludo con movimientos circulares pequeños, como si estuviera aplicando el champú. Póngase un poco de aceite en las manos y masajee con suavidad la frente, las mejillas y el mentón. Después pase a las orejas y recréese en su parte posterior y en las sienes para conseguir un efecto calmante.

Masajee el cuello y la nuca con poco aceite y luego los hombros. En los brazos, debe realizar movimientos circulares en los hombros y los codos, y desplazamientos largos hacia arriba y hacia abajo en los brazos y los antebrazos.

Masajee el pecho, el estómago y el abdomen con movimientos circulares grandes y suaves, y el esternón hacia arriba y hacia abajo. Póngase un poco de aceite en ambas manos y, en la medida de lo posible, procure darse un masaje en la espalda y en la columna.

Con las piernas haga lo mismo que con los brazos, es decir, realice movimientos circulares en las rodillas y los tobillos, y desplazamientos hacia arriba y hacia abajo en los muslos y las pantorrillas. Utilice el aceite restante para masajear los pies, prestando atención especial a los dedos.

### Masaje corto

Los pies y la cabeza son las partes más importantes del cuerpo que se deben masajear en pro de lograr un sueño reparador. Con una cucharada de aceite tibio, masajee suavemente la cabeza con los pequeños movimientos circulares antes descritos. En la frente, los desplazamientos han de ser de lado a lado y con la palma de la mano. Masajee con delicadeza las sienes y después las orejas, el cuello y la nuca.

Con una segunda cucharada de aceite, dese un masaje con movimientos lentos pero firmes en las plantas de los pies. Recréese en los dedos. Para finalizar, siéntese tranquilamente durante unos minutos mientras el aceite penetra y luego tome su baño caliente.

## Armonice sus ritmos biológicos con los de la naturaleza

La naturaleza opera en estaciones, ciclos y ritmos. Todo en este mundo se mueve entre períodos de actividad y de reposo, incluida su fisiología. Nuestro planeta tiene ciclos de día y de noche, además de los ciclos estacionales. Cuando los ritmos biológicos están en consonancia con los de la naturaleza, el sistema cuerpo/mente se siente vigoroso y saludable, de lo contrario, se produce un desgaste del cuerpo y de la mente que acelera el envejecimiento.

La tecnología basada en la electricidad existe desde hace apenas un siglo y muchas personas ya se han habituado a organizar sus horarios diarios según los programas nocturnos de televisión, los mercados que permanecen abiertos toda la noche, los hornos de microondas y los relojes despertadores. La rutina diaria de estas personas no está sincronizada con la naturaleza. De la misma manera que el cambio de horario que generan los viajes en avión ocasiona transformaciones en el estado de ánimo, problemas de concentración y molestias digestivas, una rutina diaria irregular afecta la mente y el cuerpo. Los efectos son depresión, insomnio, ansiedad, estreñimiento, meteorismo y debilidad inmunológica.

Usted puede armonizar sus ritmos biológicos con los de la naturaleza prestando atención a unos cuantos principios básicos.

*Rutina matinal*
- No use reloj despertador. Deje entreabiertas las cortinas para que se despierte con la luz del sol.
- Evacúe la vejiga y los intestinos tan pronto como se levante. Podrá estimular la eliminación bebiendo un vaso de agua tibia.
- Realice su rutina de ejercicios matutinos (véase el capítulo 7).

- Tome una ducha antes o después del masaje con aceite.
- Medite durante veinte o treinta minutos.
- Desayune cuando sienta hambre.

*Rutina del mediodía*
- Mientras come, tome conciencia de los alimentos que ingiere.
- La comida central del día debe ser más abundante que la cena de la noche.
- Camine unos diez minutos después de haber comido.

*Rutina para el final de la tarde*
- Medite durante veinte o treinta minutos antes de cenar y luego realice la rutina de la noche descrita con anterioridad.

También es sano estar en consonancia con los ciclos estacionales. Cuando los días se acortan durante el otoño y el invierno, modifique su rutina para equilibrar los cambios en su entorno.

---

*Armonizar los ritmos biológicos con los ritmos de la naturaleza minimiza la entropía y revierte el envejecimiento.*

---

*Rutina para el invierno*
- Acuéstese más temprano.
- Consuma más alimentos calientes, como sopas o guisos, a fin de compensar el frío del invierno.
- Beba muchos líquidos calientes, como infusiones de jengibre y otras hierbas.

- Realice el masaje diario y deje una capa delgada de aceite sobre la piel para evitar el resecamiento.
- Mantenga la cabeza cubierta mientras permanezca en el exterior para prevenir los resfriados.
- Si sufre de gripe frecuente durante la estación invernal, pruebe a lavarse la nariz con la ayuda de la jarra para el *neti* y el *nasya* con aceite. Esto le ayudará a limpiar y proteger los conductos nasales (véase la descripción que aparece a continuación).

### Método del *neti* y el *nasya*

El *neti* y el *nasya* son métodos tradicionales para purificar y revitalizar las vías respiratorias. De la misma manera que el masaje nutre y rejuvenece la piel, el *neti* y el *nasya* nutren y rejuvenecen los conductos nasales. Este proceso también contribuye a disminuir las alergias y la probabilidad de contraer infecciones de las vías respiratorias altas. También es útil antes de viajar en avión, a fin de mantener húmedas las vías respiratorias.

La jarra para el *neti* es un recipiente pequeño con un pico, que se coloca suavemente dentro de la fosa nasal para administrar agua con sal. La jarra suele ser de cerámica y tiene capacidad de 2/3 de taza de agua, a la que se le agrega 1/8 de cucharadita de sal.

Coloque el pico de la jarra en una de sus fosas nasales y vierta muy despacio el agua tibia con sal. Incline la cabeza de tal manera que el líquido entre por una fosa y salga por la otra. Expulse el sobrante y repita el proceso del otro lado.

El *nasya* consiste en aplicar unas pocas gotas

de aceite en las membranas nasales. El aceite debe ser de ajonjolí, almendra u oliva, de grado comestible. También pueden utilizarse aceites aromáticos de hierbas que contengan cantidades pequeñas de alcanfor, eucalipto y mentol. Ponga una gota de aceite en el dedo meñique y aplíquela dentro de la nariz. Inspire suavemente y repita la operación del otro lado. Este procedimiento puede realizarse entre cuatro y seis veces al día.

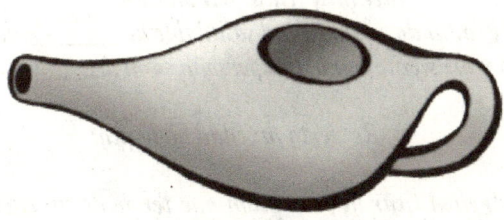

*Jarra para el* neti

Durante el verano o en climas cálidos puede tomar otras medidas para mantener el equilibrio, prestando atención a las señales cambiantes del ambiente.

*Rutina para el verano o en climas cálidos*
- Beba mucha agua fresca durante el día.
- Consuma cantidades abundantes de frutas frescas de cosecha local y zumos.
- En general, procure que sus comidas sean livianas.
- Realice sus ejercicios temprano en la mañana, antes de que aumente el calor.

- Pase más tiempo al aire libre, sobre todo al final de la tarde cuando el clima es más fresco.
- Puede acostarse un poco más tarde en consonancia con el mayor número de horas de sol.

La actividad dinámica durante el día hace posible un sueño reparador en la noche. Recuerde que usted no es independiente de la naturaleza sino que forma parte de ella. Debe sintonizar sus ritmos con los de la naturaleza para revertir su edad biológica.

*Todos los días, en todas las formas, aumento mi capacidad mental y física. Mi biostato*
*está graduado en una edad saludable de _____ años.*
*Me veo y me siento como una persona sana de _____ años.*

*Revierto mi edad biológica:*

- *Al modificar la percepción que tengo de mi cuerpo, su envejecimiento y el tiempo.*
- *También, mediante dos formas de descanso profundo: reposo consciente y sueño reparador.*

## 3.er PASO

**Revierta su edad biológica
nutriendo su cuerpo con sumo cuidado
a través de una alimentación sana**

### ACTIVIDAD DIARIA

*Revierto mi edad biológica nutriendo mi cuerpo con sumo cuidado a través de una alimentación sana.*

*La forma de lograrlo es la siguiente:*

1. *Disfruto los seis sabores.*
2. *Como conscientemente.*
3. *Obedezco las señales de hambre y de saciedad de mi cuerpo.*

*La comida puede sanar y renovar, y llegar a ser su remedio contra el envejecimiento.*

Aportar a nuestro organismo los nutrientes que necesita a través de una alimentación sana es el tercer paso para revertir el proceso de envejecimiento. Después de la respiración, la alimentación es la cosa más natural del mundo y, a pesar de eso, mucha gente alberga dudas respecto de la nutrición. ¿Deberían comer más proteínas o más carbohidratos compuestos? ¿Son buenos o malos los lácteos? ¿Es mejor consumir las verduras crudas que cocidas? Considerando la cantidad de información contradictoria que circula por ahí, no sorprende la sensación de perplejidad acerca de cuál es la mejor forma de alimentación.

No dejan de aparecer programas nutricionales nuevos, unos supuestamente mejores que otros, para combatir el envejecimiento, aunque son pocas las evidencias que sugieran que un sistema sea, sin lugar a dudas, más beneficioso que otro. Sabemos, a partir de estudios dignos de confianza, que la probabilidad de disfrutar de una vida más sana y larga aumenta con el consumo de cereales integrales y de verduras y frutas frescas en abundancia, si se disminuye, además la ingestión de grasa animal. La clave de una dieta para revertir el envejecimiento está en consumir alimentos a la vez muy sanos y deliciosos. Para que el programa tenga éxito debe ser también flexible, porque una dieta difícil de cumplir no es práctica y tampoco perdura. El programa nutricional que presentamos tiene estos componentes esenciales: es equilibrado, delicioso y fácil de seguir, tanto si usted come en su casa como si lo hace en restaurantes.

Su cuerpo es un campo de energía, transformación e inteligencia, producto de los alimentos que usted ingiere. Una molécula de azúcar de la manzana que comió ayer durante el almuerzo puede formar parte del revestimiento de su estómago hoy. Un aminoácido de la porción adicional del queso fresco que degustó puede ser ahora una fibra de su músculo bíceps. Una molécula de hierro de su ensalada de espinacas quizá ya forme parte de la hemoglobina presente en uno de sus glóbulos rojos. Usted es lo que come.

Cada molécula que usted ingiere pasa por uno de estos cuatro procesos: (1) se transforma en una parte estructural de su cuerpo; (2) se utiliza como fuente de energía; (3) se almacena para un posible uso futuro; o (4) se elimina. Cuando usted construye una casa, es evidente que se sirve de los mejores materiales. Por tanto si desea construir un cuerpo nuevo, necesitará los mejores alimentos. Alimentarse para revertir el envejecimiento no resulta una tarea difícil: basta con prestar la atención suficiente y con tener la intención; sólo de este modo estará recibiendo las fuentes de energía y de inteligencia de mejor calidad que le permitan crear un cuerpo sano.

---

*Usted es lo que come.*

---

## Comprenda el sentido del gusto

Lo instamos a seguir un programa nutricional permisivo en lugar de restrictivo. Sabemos que existen muchas dietas que exigen evitar ciertos tipos de alimentos. Aquellas de las cuales nos hablan más en el Centro Chopra se basan en evitar los lácteos, el trigo y todos los azúcares. Otros programas recomiendan eliminar las verduras oscuras y todos los alimentos que sean ácidos.

Si sabe a ciencia cierta que ciertos alimentos le sientan mal, haga caso a su cuerpo. Sin embargo, si ha eliminado ciertos alimentos sólo porque alguien le dijo, o leyó en alguna parte, que eran perjudiciales, podrá incorporarlos poco a poco como parte de una dieta equilibrada y determinar si en realidad son buenos o malos para usted. Prestar atención al propio cuerpo es la mejor manera de evaluar si un alimento le conviene o no.

Según el *Ayurveda*, todos los alimentos pueden clasificarse de acuerdo con uno o más sabores básicos, a saber:

*Dulce*
*Ácido*
*Salado*
*Picante*
*Amargo*
*Astringente*

El primer principio fundamental de una dieta para revertir el envejecimiento es asegurarse de consumir durante el día alimentos de cada uno de los seis grupos de sabores. Son los sabores creados por la naturaleza para proporcionar los elementos fundamentales requeridos para nutrir el cuerpo. La energía y la inteligencia del mundo natural vienen «envasadas» en esos seis sabores para nuestro consumo. Veamos cada grupo en detalle.

*Dulce*

Los productos que proporcionan el sabor dulce son ricos en hidratos de carbono, proteínas y grasas. Las semillas, los cereales, el pan, la pasta, los frutos secos, la leche y sus derivados, el pescado, las aves, la carne roja y los aceites se clasifican como alimentos dulces. Entre las frutas dulces están el plátano, las cerezas, la papaya, el mango, el melocotón, la pera y las uvas pasas. Entre las verduras dulces que contienen sobre todo carbohidratos compuestos se cuentan las alcachofas, los espárragos, las zanahorias, la coliflor, el quingombó, la calabaza y el boniato. Todos los alimentos de origen animal se consideran dulces. Si usted examina su cesta de la compra a la hora de pagar, constatará que consume mayor cantidad de alimentos de esta clase de sabor que de ninguna otra.

Puesto que la categoría dulce abarca una amplia gama de sustancias comestibles, desde los caramelos hasta la quinua, es importante consumir alimentos dulces nutritivos y que equilibren su dieta. Lo cual, en términos generales, nos lleva a las siguientes recomendaciones:

- Prefiera los alimentos ricos en carbohidratos compuestos, en particular las semillas, los cereales, el pan, el arroz y la pasta integral. Trate de consumir ocho raciones al día. Un trozo de pan de centeno tostado, media taza de pasta, una tortita de trigo integral, medio pan tipo «bagel», media taza de arroz o una patata pequeña son ejemplos de raciones de hidratos de carbono complejos.
- Consuma al menos de tres a cinco raciones de fruta fresca todos los días. Un melocotón, una pera, un plátano, media taza de cerezas y medio melón son ejemplos de raciones de fruta.
- Ingiera un mínimo de cinco raciones de verduras todos los días. Media taza de la mayoría de las verduras cocidas y una taza de la mayoría de las verduras de hojas verdes representan una ración. Elija entre una variedad amplia de verduras verdes y amarillas.
- Incluya en su dieta más fuentes de proteínas de

origen vegetal como alubias y legumbres o frutos secos y semillas. Aunque los frutos secos tienen un alto contenido de grasa, ésta es principalmente poliinsaturada o monoinsaturada, que es mejor para su salud. Las nueces, por ejemplo, contienen muchos agentes fitoquímicos beneficiosos y se ha demostrado que reducen los niveles de colesterol.
- Prefiera leche y lácteos descremados o bajos en grasa.
- Si consume carne, reduzca al mínimo la carne roja, sustituyéndola por pescado de agua fría y aves magras.

Existe una gran polémica en la actualidad acerca del equilibrio ideal de hidratos de carbono, proteínas y grasas. Los defensores de las dietas muy bajas en grasa se remiten a estudios que demuestran que puede frenarse la enfermedad coronaria y prevenir el cáncer si se reduce la ingesta de grasas saturadas. Los que abogamos una dieta pobre en carbohidratos sostenemos que la abundancia sin precedentes de azúcares en la dieta occidental moderna ha elevado de manera anormal los niveles de insulina, contribuyendo a la obesidad y la diabetes. Si bien la premisa básica de estas dos tesis extremas es válida, nosotros opinamos que la dieta equilibrada más sana es una que ofrezca la mayor probabilidad de lograr un peso corporal ideal y que pueda seguirse durante toda la vida. Teniendo esto en mente, nuestra recomendación es consumir una buena proporción de carbohidratos, proteínas y grasas. Aunque no es necesario contar calorías para el programa encaminado a revertir la edad, si usted sigue nuestras recomendaciones tendrá una dieta constituida por un 60 a un 68% de hidratos de carbono, un 15 a un 20% de proteínas y un 20 a un 25% de grasas. (Si desea calcular la ingesta de fuentes de alimentos dulces, vea el recuadro que aparece más adelante.)

Prefiera los carbohidratos compuestos, las fuentes vegetales y marinas de proteínas y la grasa del pescado y la de origen vegetal. Utilice para cocinar aceites monoinsaturados como el de oliva, o poliinsaturados como el de canola, cártamo o girasol. Una pequeña cantidad de mantequilla clarificada (menos de una cucharadita al día) agrega sabor y una dosis aceptable de colesterol. Además de reducir su ingesta de grasas saturadas, este plan contribuirá a que incremente de manera natural el consumo de alimentos ricos en fibra que le ayudarán a normalizar la eliminación, a reducir los niveles de colesterol y a disminuir el riesgo de cáncer de las vías digestivas.

---

*Hay alimentos que aceleran el envejecimiento y la entropía, mientras que otros renuevan y revitalizan el cuerpo.*

---

### Comer para rejuvenecer

*Utilice una calculadora para fijar sus objetivos.*

Calcule sus calorías diarias multiplicando su peso en kilos por 35.

_____ × 35 _____
Peso en kilos                Necesidades calóricas diarias

Calcule su ingesta de hidratos de carbono multiplicando sus calorías diarias por 0,16.

_____ × 0,16 _____
Necesidades calóricas            Gramos de hidratos
diarias                                      de carbono

Calcule su ingesta de proteínas multiplicando sus calorías diarias por 0,035.

_____ × 0,035 _____
Necesidades calóricas diarias    Gramos de proteínas

Calcule su ingesta de grasa multiplicando sus calorías diarias por 0,025.

_____ × 0,025 _____
Necesidades calóricas diarias    Gramos de grasa

*Ejemplo: Si usted pesa 68 kilos, las cifras correspondientes en su caso serán las siguientes:*

1. Necesidades calóricas básicas:
   68 kilos × 35 = 2.380 calorías
2. Ingesta diaria de hidratos de carbono:
   2.380 × 0,16 = 380,8 gramos
3. Ingesta diaria de proteínas:
   2.380 × 0,035 = 83,3 gramos
4. Ingesta máxima de grasa:
   2.380 × 0,025 = 59,5 gramos

*Con este plan se obtienen las siguientes calorías:*

| FUENTE CALÓRICA | GRAMOS | CALORÍAS | % DE CALORÍAS DIARIAS |
| --- | --- | --- | --- |
| Hidratos de carbono | 380,8 | 1.523,2 | 64 |
| Proteínas | 83,3 | 333,2 | 16 |
| Grasa | 59,5 | 535,5 | 20 |

## Ácido

Este sabor es el producto de la acción química de los ácidos orgánicos sobre las papilas gustativas. Todos los ácidos se perciben como tales, incluidos el cítrico, el ascórbico (vitamina C) y el acético (vinagre). Una dosis regular de ácido despierta el apetito y mejora la digestión. También disminuye la velocidad de vaciado del estómago, pues reduce la capacidad que tienen los carbohidratos de estimular la insulina. Aunque hay alimentos, desde el queso amarillo hasta el vinagre, que contienen el sabor ácido, las mejores fuentes del mismo son las frutas frescas, como la manzana, el albaricoque, las bayas, las cerezas, el pozuelo, la uva, el limón, la naranja, la piña y el tomate. El yogur total o parcialmente desnatado también es buena fuente del sabor ácido. El yogur fresco aporta bacterias acidófilas, que ayudan a equilibrar el tracto digestivo.

Los alimentos ácidos son, por lo general, una fuente excelente de vitamina C y de flavonoides, los cuales protegen contra las enfermedades cardíacas y el cáncer. Asimismo, aportan fibra soluble, que también reduce los riesgos de padecer enfermedades coronarias y diabetes. Muchos condimentos fermentados, como los encurtidos o las aceitunas verdes, también contienen el sabor ácido. Aunque ayudan a estimular la digestión, deben consumirse en cantidades reducidas. La mayor parte de este sabor ha de procurarse a través de raciones abundantes de frutas ácidas, y en menor medida a través de aliños para ensalada, encurtidos y alimentos fermentados.

## Salado

Las sales minerales son un componente esencial de la salud, pero la dieta típica occidental contiene demasiada sal. El sabor salado estimula la digestión, es ligeramente laxante y tiene un efecto relajante suave. El exceso de sal se asocia con un mayor riesgo de hipertensión y tiene un efecto menor en el desarrollo de la osteoporosis.

Además de la sal de mesa común, el sabor salado está presente en alimentos como el pescado, la salsa de soja, las algas marinas y la mayoría de la salsas. Vigile su ingesta de sal y tenga presente que, si bien es un sabor esencial, debe ingerirse con moderación.

## *Picante*

Casi todas las culturas reconocen el valor del sabor picante, aunque en algunos países lo miran con cautela. Las especias picantes siempre se han valorado y consumido. Una de las mayores motivaciones del viaje de Cristóbal Colón fue descubrir un camino más corto para llegar a las especias exóticas de la India, muy apreciadas por los europeos.

El sabor picante generalmente se debe a los aceites esenciales ricos en propiedades antioxidantes. Su capacidad de neutralizar los radicales libres que causan el envejecimiento puede explicar la razón por la cual suelen utilizarse para preservar los alimentos. Los agentes químicos naturales presentes en las especias picantes también son antibacterianos.

La investigación científica moderna ha demostrado que los compuestos naturales contenidos en las fuentes alimenticias picantes como la cebolla, el puerro, la cebolleta y el ajo pueden contribuir a reducir los niveles de colesterol y la presión arterial. Otros estudios han demostrado que estos alimentos picantes pueden proteger contra los agentes cancerígenos presentes en el medio ambiente. El chile, el jengibre, el rábano picante, la mostaza, la pimienta negra y la roja, los rábanos comunes y muchas especies de uso culinario, como la albahaca, la canela, los clavos, el comino, el orégano, la menta, el romero y el tomillo, contienen el sabor picante. Su dieta debe incluirlos en abundancia, tanto por su sabor como por sus beneficios para la salud por lo que se refiere a revertir la edad.

## *Amargo*

Las verduras amarillas y las verdes son la fuente principal del sabor amargo. Entre las más comunes están los pimientos, el brécol, la acelga, el apio, la berenjena, las endivias, las espinacas y el calabacín. La mayoría de las hortalizas verdes tienen un sabor amargo, que varía entre leve y muy intenso, producto de la gran variedad de sustancias químicas naturales presentes en las verduras, las cuales tienen una amplia gama de efectos para revertir la edad y mejorar la salud. Estos fitoquímicos (del griego *fito*, planta) contribuyen a desintoxicar el cuerpo de los agentes cancerígenos, reducen los niveles de colesterol en la sangre y mejoran la inmunidad.

Todas las verduras son fuente de vitaminas y minerales esenciales. Los vegetales verdes son ricos en vitamina B y folato, que ejercen un efecto protector importante contra las enfermedades cardíacas. Las verduras lo son en fibra soluble, que es buena para el corazón, y en insoluble, que mejora el paso de los alimentos a través de las vías digestivas. Las dietas con alto contenido de fibra se asocian con un menor riesgo de cáncer de seno y del tracto digestivo.

La Sociedad Norteamericana del Cáncer, por ejemplo, recomienda un mínimo de cinco raciones diarias de frutas y verduras, pero algunos estudios han demostrado que menos del 10% de los estadounidenses sigue este consejo de manera regular. Al respecto, nos remitimos a lo que las madres nos han repetido desde el nacimiento de la humanidad: «Cómete las verduras.»

También son muchas las hierbas aromáticas que aportan el sabor amargo y constituyen un componente básico de una dieta sana y equilibrada. La manzanilla, el cilantro, las semillas de cilantro, el comino, el eneldo, la alholva, el regaliz, el ruibarbo, el romero, el azafrán, la salvia, el estragón y la cúrcuma son ejemplos de hierbas y especias que contienen el sabor amargo. La mayoría de las hierbas medicinales, como la equinácea, el aloe, la genciana, el regaliz, el llantén, la pasionaria, la escutelaria y la hierba de San Juan son ante todo amargas debido a su concentración elevada de fitoquímicos. La mayoría de las personas no se siente atraída por el sabor amargo, aunque en pequeñas cantidades mejora el gusto de los alimentos y contribuye a nuestro bienestar.

La siguiente tabla incluye algunos de los agentes químicos asombrosos que mejoran la salud y revierten la edad, y que están presentes en las frutas y las verduras.

| FITOQUÍMICO | ACCIONES | FUENTES |
| --- | --- | --- |
| Flavonoides | Antioxidantes, anticancerígenos, protegen contra las enfermedades cardíacas | Cebolla, brécol, uva negra, manzana, cerezas, cítricos, bayas, tomate |
| Compuestos fenólicos | Antioxidantes, inhiben los cambios cancerosos | Nueces, bayas, té verde |
| Licopeno | Anticancerígeno | Tomates, pomelo rojo |
| Sulfuros | Anticancerígenos, inhiben la coagulación | Ajo, cebolla, cebolleta |
| Isotiocianatos | Inhiben el desarrollo del cáncer | Brécol, repollo, coliflor |

| FITOQUÍMICO | ACCIONES | FUENTES |
|---|---|---|
| Isoflavonas | Bloquean los cánceres estimulados por las hormonas, reducen los niveles de colesterol | Brotes de soja y derivados de la soja |
| Antocianinas | Antioxidantes, reducen el colesterol, estimulan la inmunidad | Bayas, cerezas, uvas, grosellas |
| Terpenoides | Antioxidantes, antibacterianos, previenen las úlceras gástricas | Pimientos, canela, rábano picante, romero, tomillo, cúrcuma |

## *Astringente*

Los alimentos astringentes producen un efecto de arrugamiento de las membranas mucosas. Aunque la ciencia moderna no clasifica la propiedad astringente como un sabor en sí, los agentes químicos naturales que dan lugar a ese efecto pueden contribuir en gran medida a mejorar la salud. Entre los alimentos que tienen el sabor astringente están la manzana, la alcachofa, los espárragos, las alubias, los pimientos dulces, el suero de leche, el apio, las cerezas, los arándanos rojos, el pepino, los higos, el limón, las lentejas, las setas, la granada, las patatas, los brotes de soja, las espinacas, el té verde y el negro, el queso de soja y los productos de trigo y centeno integral. Los alimentos de sabor astringente ejercen un efecto de compactación sobre la fisiología y son importantes para regular la función digestiva y la cicatrización de las heridas.

Estudios recientes han demostrado que los agentes fitoquímicos presentes en el té verde y en el té negro, buenas fuentes del sabor astringente, podrían proteger contra diversas enfermedades, desde las cardiopatías hasta el cáncer. Las alubias, las legumbres y los guisantes son fuentes excelentes de carbohidratos compuestos y, además, proporcionan proteínas de origen vegetal de buena calidad, junto con fibra soluble e insoluble. Las alubias y las legumbres también nos aportan ácido fólico, calcio y magnesio.

Uno de los cambios principales que se ha observado en la alimentación desde el principio del siglo XX ahasta el inicio del siglo XI ha sido la reducción de las fuentes de proteínas de origen vegetal y el aumento de productos ricos en proteínas de origen animal. Este cambio ha traído consigo un aumento del riesgo de sufrir enfermedades cardíacas y cáncer. Agregue una o dos raciones de alubias, guisantes o lentejas a su dieta todos los días para rejuvenecer y vivir más tiempo.

| Resumen de los seis sabores ||
|---|---|
| **SABOR** | **FUENTE** |
| Dulce | *Prefiera:* cereales integrales, panes, frutas, verduras con almidón, lácteos bajos en grasa orgánica<br>*Reduzca:* azúcares refinados, grasa animal |
| Ácido | *Prefiera:* cítricos, bayas, tomates<br>*Reduzca:* alimentos encurtidos y fermentados, alcohol |
| Salado | *Reduzca:* alimentos muy salados como patatas fritas o similares, zumo de tomate envasado |

| SABOR | FUENTE |
|---|---|
| Picante | *Prefiera:* cantidades pequeñas de todos los alimentos picantes, como jengibre, pimientos, cebollas, menta, canela |
| Amargo | *Prefiera:* todas las verduras amarillas y las verdes |
| Astringente | *Prefiera:* Alubias, guisantes, lentejas, manzanas, bayas, higos, té verde<br>*Reduzca:* exceso de café |

---

*El cuerpo se siente satisfecho cuando tiene acceso a los seis sabores.*

---

## Delicioso y nutritivo

Es fácil seguir un régimen alimenticio acorde con el programa de los seis sabores. Independientemente del tipo de alimento que usted prefiera, podrá mejorar su paladar y sus cualidades para la salud si consume una amplia gama de sabores.

Los siguientes son ejemplos de comidas que representan una variedad de cocinas étnicas y demuestran cuán práctico es este esquema.

*Siete comidas vegetarianas representativas
de la cocina local del mundo*

Encontrará las recetas completas al final del libro.

### Cocina tailandesa

*Caldo con coco, queso de soja y verduras*
*Curry tailandés amarillo con zanahoria y verduras*
*Pepino fresco con albahaca y hierbabuena*
*Arroz basmati con mango*
*Guiso de plátano y coco*

### China

*Sopa ácida y picante de verduras*
*Festín de Buda*
*Queso de soja marinado con sésamo*
*Arroz hervido*
*Galletas de almendra*

### Italiana

*Sopa de verduras y judías blancas*
*Lasaña de berenjenas y espinacas con pesto*
*Cocido de garbanzos y judías*
*Zanahorias asadas con romero fresco*
*Sorbete de queso de soja con frambuesas*

### Mexicana

*Sopa de tortitas con aguacate y cilantro*
*Enchiladas de alubias negras y boniato*
*Arroz español*
*Salsa de mango con tomate*
*Flan de vainilla con jarabe de arce*

### Francesa

*Crema de espárragos*
*Pastel de espinacas, puerros y patatas*
*Almondine de judías cocidas*
*Acelgas y rúcula con aliño de limón y estragón*
*Peras cocidas con moras*

### Bistro americano

*Sopa de zanahorias con cilantro*
*Risotto de cebada y verduras asadas*
*Chutney de arándanos rojos y boniato*
*Ensalada de hojas verdes orgánicas con vinagreta*
*de manzana*
*Mousse de queso de soja con cacao y praliné de almendras*

### Oriente Medio

*Sopa de lentejas con espinacas*
*Hummus*
*Tabbule de quinua*
*Raita de queso de soja cremoso, pepino y hierbabuena*
*Ratatouille*
*Triángulos de pasta filo con nueces y jarabe de arce*

## Para optimizar la digestión

Construimos nuestro cuerpo a partir de los alimentos que ingerimos, de manera que es importante obtener toda la gama de nutrientes requeridos para mantener una buena salud. Según el *Ayurveda*, también resulta esencial contar con un *poder digestivo* ideal a fin de llegar a emplear esos alimentos de la mejor manera posible. La palabra sánscrita para referirse al poder digestivo es *agni*; de ella se deriva el término *ignición*. Podría decirse que *agni* es el principio de transformación del cuerpo. A fin de garantizar una digestión óptima, le recomendamos prestar atención a unos cuantos principios sencillos relacionados con la forma de comer. Los hemos denominado las «técnicas para comer conscientemente».

## *Técnicas para comer conscientemente*

### *Atienda las indicaciones de su apetito*

A fin de satisfacer sus necesidades, el cuerpo envía mensajes a la mente. Una de las señales más importantes es la del hambre. Si bien son muchas las personas que luchan por evitar unos cuantos kilos y consideran que su apetito es el enemigo, prestar atención a sus mensajes, y obedecerlos, es de los aspectos más importantes de un plan nutricional sano. La regla es sencilla: coma cuando tenga hambre y deje de comer cuando se sienta satisfecho. Piense que su apetito es una especie de calibrador que va desde 0 (vacío) a 10 (lleno). Nuestra recomendación es que coma cuando realmente sienta hambre (en el nivel 2 o 3) y deje de comer en el momento que se sienta satisfecho aunque *no* lleno (6 o 7), pues sólo en este caso la capacidad digestiva opera en un nivel óptimo. De la misma forma que la ropa no se lava bien cuando usted llena demasiado la lavadora, los alimentos no se digieren por completo si come en exceso.

Muchas personas comen porque es la hora, no porque su cuerpo les pida alimento. Usted no llenaría el depósito de gasolina de su vehículo si estuviera a la mitad y, no obstante, muchas personas comen cuando todavía no han acabado de digerir la última ingesta. Comience a prestar atención a su cuerpo, porque éste refleja la misma sabiduría del Cosmos.

*Preste atención*

Es fácil que se exceda en la comida si el ambiente que le rodea le distrae. Aunque muchos de nosotros nos condicionamos a comer mientras vemos la televisión, lo más normal es que perdamos la conciencia y comamos en demasía mientras vemos un drama interesante o una película de aventuras. Asimismo, si lo hacemos a la vez que trabajamos en un proyecto apasionante o realizamos una transacción de negocios, muchas veces pasamos por alto la señal de que el cuerpo ya ha recibido suficiente sustento. Procure preservar las horas de las comidas para que pueda disfrutar de los alimentos en un ambiente tranquilo. Si sufre de desórdenes digestivos, como acidez o síndrome de colon irritable, crear un ambiente tranquilo y cómodo mejorará su digestión.

*Prefiera los alimentos frescos*

Hay alimentos que aceleran el envejecimiento y la entropía mientras que otros renuevan y revitalizan el cuerpo. En general, los alimentos «muertos» contribuyen a la degeneración y el deterioro, mientras que los frescos favorecen la regeneración y la vitalidad. En la mayoría de los casos, cuanto menor sea el tiempo que transcurra entre el momento de cosechar el alimento y el de consumirlo, mayor será la energía y la inteligencia que éste nos procure. Esto implica que usted debe reducir al mínimo, en la medida de lo posible, el consumo de alimentos en conserva, congelados y envasados. Evite también las sobras del día anterior y las comidas hechas en hornos microondas.

---

*Utilice los alimentos para nutrir su cuerpo,*
*no para alimentar sus emociones.*

---

Desde el día en que nacemos asociamos el alimento con la seguridad y el consuelo. El pecho o el biberón que nos ofrecían cuando estábamos molestos calmaban nuestra inquietud física y emocional. Por consiguiente, es natural que siendo adultos recurramos a la comida cuando nos sentimos estresados o angustiados. Por desgracia, cuando tratamos de satisfacer nuestra necesidad de amor con el alimento, es difícil que tengamos éxito y el exceso de calorías se almacenará en el cuerpo en forma de grasa. Utilice la comida para satisfacer las necesidades energéticas de su cuerpo y desarrolle relaciones plenas para satisfacer las necesidades de su corazón emocional. Ambos le agradecerán que usted sepa reconocer la diferencia.

*Coma más al almuerzo y menos a la hora de la cena*

El poder de la digestión es mayor al mediodía. El cuerpo segrega ácidos gástricos, sales biliares y enzimas pancreáticas de forma cíclica durante todo el día, a fin de apoyar la absorción y el metabolismo de los nutrientes esenciales derivados de los alimentos. Hasta la llegada de la revolución industrial, la mayoría de las personas hacía su comida más abundante al mediodía y consumía una cena ligera al caer la noche. Si usted respeta estos viejos patrones, podrá mejorar su función digestiva y su sueño. Trate de que la comida del mediodía sea más abundante y la cena escasa y compruebe si percibe una mejoría en su vitalidad y bienestar.

*Avive y equilibre su fuego digestivo*

En el *Ayurveda*, los procesos digestivos se comparan con el fuego de un hogar. A fin de obtener la mayor cantidad de calor y de luz, debemos encender y atizar las llamas. Lo mismo puede decirse del fuego digestivo, por tanto, le recomendamos que prenda su fuego antes de cada comida con un aperitivo natural. Esta receta sencilla ayuda a avivar la primera etapa de la digestión, garantizando un buen comienzo para el proceso de metabolización de la comida. Trate de degustar una copa llena de este combinado antes de cada comida y observará cómo mejora su función digestiva.

---

**Aperitivo natural**

*Mezcle a partes iguales zumo de limón, zumo de raíz de jengibre, agua y miel. Agregue una pizca de pimienta negra. Beba una copa de 60 gramos de este elixir natural* antes de comer.

---

Después de cada comida, le proponemos una mezcla de especias para equilibrar el fuego digestivo muy fácil de preparar: combine a partes iguales semillas de hinojo tostadas, semillas de cardamomo, semillas de comino y una pizca de azúcar de arce. Mastique una cucharadita de este compuesto al final de cada comida para mejorar su digestión.

Además del aperitivo natural antes y la mezcla de especias después de cada comida, trate de beber infusiones de raíz de jengibre durante el día. Ralle media cucharadita de raíz de jengibre fresca por cada dos tazas de agua caliente y procure beber entre seis y ocho tazas al día. El jengibre tonifica las vías digestivas, mejorando la digestión, la absorción y la eliminación. Para el *Ayurveda*, el jengibre es la medicina universal. Si tiene tendencia a la acidez o a la indigestión, utilice el jengibre con prudencia en un principio para que los síntomas no empeoren.

---

*La forma de comer es tan importante como los alimentos ingeridos.*

---

*La dieta no debe ser complicada*

No complique su nutrición. Consumir alimentos nutritivos y deliciosos es bien sencillo. Todo este capítulo puede resumirse en cinco principios:

1. Coma cuando tenga hambre; pare cuando haya saciado el hambre.
2. Mastique los alimentos hasta que estén líquidos o semilíquidos antes de tragar.
3. No dé un nuevo bocado hasta que no haya tragado el anterior.
4. No coma otra vez hasta que no haya digerido la comida anterior (al menos tres horas).
5. Incluya los seis sabores en sus comidas del día.

## Coma para celebrar

Es fácil confundirse al pensar en un régimen alimenticio para vivir una vida larga y sana. La cantidad de información contradictoria proveniente de los expertos en nutrición que proponen toda una variedad de esquemas es enorme. Aunque todas las dietas tienen algo de sabio, para que cualquier régimen surta efecto debe ser exquisito, equilibrado, práctico y sostenible. Ponga en práctica nuestras recomendaciones durante un mes y observe cómo se revitalizan su cuerpo y su mente. Este programa le ayudará a rejuvenecer y a vivir más tiempo.

*Todos los días, en todas las formas, aumento
mi capacidad mental y física.
Mi biostato está graduado en una edad
saludable de _____ años.
Me veo y me siento como una persona sana de
_____ años.*

*Revierto mi edad biológica:*

- *Al modificar la percepción que tengo de mi cuerpo, su envejecimiento y el tiempo.*
- *Mediante dos formas de descanso profundo: reposo consciente y sueño reparador.*
- *También nutriendo mi cuerpo a través de una alimentación sana.*

## 4.º PASO

## Revierta su edad biológica utilizando sabiamente los complementos nutricionales

### ACTIVIDAD DIARIA

*Revierto mi edad biológica consumiendo complementos nutricionales que ejercen un efecto directo sobre la prevención de las enfermedades.*

*La forma de lograrlo es la siguiente:*

1. *Conozco los efectos biológicos de los nutrientes inteligentes.*
2. *Ingiero esos nutrientes todos los días.*
3. *Realizo rituales diarios que me permiten concentrar mi atención y mi intención, a fin de intensificar los efectos de los nutrientes.*

*Los complementos nutricionales, utilizados sabiamente, pueden prevenir muchas enfermedades relacionadas con la edad y revertir de forma drástica su edad biológica.*

Aunque a todos nos gustaría creer que una alimentación sana es lo único que se necesita para tener buena salud, hay una evidencia creciente de que el uso apropiado de los suplementos nutricionales puede generar un nivel de bienestar superior al que se logra nada más que con los alimentos. En todo caso, consumir productos saludables es más importante que ingerir nutrientes concentrados, razón por la cual preferimos llamarlos *complementos* en lugar de *suplementos*. El propósito de emplear este término es recordarle que estos aliados nutricionales no reemplazan una buena alimentación, sino que mejoran el nivel de la nutrición. Puesto que ahora sabemos que los niveles elevados de ciertos nutrientes sirven para reducir el riesgo de muchos problemas de salud asociados al envejecimiento, debemos reconocer el importante papel de los complementos nutricionales como promotores de la salud.

Nuestro cuerpo es un campo de energía, transformación e inteligencia que tiene una gran facilidad para adquirir, transformar, almacenar y liberar energía. Las fuentes primarias de esa energía son los hidratos de carbono, las proteínas y las grasas presentes en los alimentos. Éstos también proporcionan agentes químicos naturales —vitaminas, minerales y oligoelementos—, necesarios para utilizar de manera eficiente la energía que aquéllos aportan. Otros componentes nutricionales, como es el caso de los antioxidantes, son esenciales para proteger a las células y a los tejidos de las toxinas nocivas de los ambientes interno y externo. Por último, como vimos en el capítulo anterior, muchos alimentos de origen vegetal contienen fitoquímicos, sustancias vegetales esenciales que contribuyen a preservarnos de una amplia variedad de enfermedades.

Las personas que reciben «dosis» adecuadas de nutrientes esenciales a través de los alimentos que consumen, en general viven una vida más sana y prolongada que aquellos cuya dieta es deficiente en nutrientes. Sin embargo, cada vez está más claro que algunos nutrientes tienen beneficios adicionales cuando están presentes en cantidades mayores que las que se obtienen a través de la alimentación corriente. Hemos llegado a creer que complementar una dieta equilibrada con suplementos nutricionales es una oportunidad excelente para mantener y mejorar la vitalidad. Veamos los fundamentos de la suplementación nutricional.

## Vitaminas: los nutrientes vitales

Las vitaminas son sustancias orgánicas de las cuales se necesitan cantidades ínfimas para mantener la salud. Puesto que el cuerpo no las fabrica, deben obtenerse de fuentes externas. En Estados Unidos, las comisiones de expertos en nutrición auspiciadas por el gobierno han desarrollado pautas para trece vitaminas y quince minerales. Muchas de las «dosis diarias recomendadas» se basan en los niveles que impiden alguna enfermedad por deficiencia vitamínica conocida, aunque los efectos promotores de la salud de algunos nutrientes se consiguen con niveles muy superiores a los recomendados hoy día. A pesar de que existe un flujo continuo de datos nuevos sobre la función apropiada de los suplementos nutricionales, pensamos que hay suficiente información fidedigna para ofrecer unas sugerencias prácticas y equilibradas. Al final del capítulo encontrará la síntesis de nuestras recomendaciones por lo que a la suplementación nutricional se refiere.

| VITAMINA | FUNCIÓN | SÍNTOMAS Y SIGNOS DE DÉFICIT | FUENTES ALIMENTICIAS | DOSIS DIARIA RECOMENDADA |
|---|---|---|---|---|
| $B_1$ (Tiamina) | Metabolismo de las proteínas, los hidratos de carbono y las grasas | Fatiga, pérdida de peso, debilidad, problemas cardíacos y nerviosos, confusión mental | Trigo integral, nueces, alubias, coliflor, carnes | 1,0 a 1,5 mg |
| $B_2$ (Riboflavina) | Metabolismo de los ácidos grasos y los aminoácidos | Irritación de las mucosas, cambios oculares, problemas nerviosos | Lácteos, huevos, hortalizas de hojas verdes, espárragos, pescado, hígado | 1,2 a 1,8 mg |
| Niacina | Metabolismo de los hidratos de carbono, las proteínas y las grasas | Cambios cutáneos, diarrea, problemas del sistema nervioso | Leche, huevos, legumbres, cereales integrales, aves, carnes | 15 a 20 mg |
| $B_6$ (Piridoxina) | Metabolismo de los aminoácidos y los neurotransmisores | Debilidad, problemas del sistema nervioso, problemas de glóbulos blancos | Brotes de soja, nueces, plátano, aguacate, huevos, carnes | 1,4 a 2,2 mg |
| Ácido fólico | Metabolismo de los aminoácidos, síntesis del ADN | Anemia, debilidad, cambios mentales, trastornos digestivos | Hojas de color verde oscuro, guisantes, germen de trigo, habas | 400 mcg |
| $B_{12}$ (Cobalamina) | Metabolismo de los aminoácidos y de los ácidos grasos | Anemia, fatiga, problemas del sistema nervioso | Leche, mariscos, soja fermentada, queso, carnes | 2,0 mcg |
| Biotina | Metabolismo de las proteínas, las grasas y los hidratos de carbono | Problemas cutáneos y cardíacos, fatiga, anemia | Lácteos, melaza, nueces | 30 a 100 mcg |
| Ácido pantoténico | Metabolismo de los ácidos grasos y neurotransmisores | Fatiga, trastornos digestivos, problemas nerviosos | Cereales integrales, queso, alubias, nueces, dátiles, pescados, carnes | 4 a 7 mg |
| C (Ácido ascórbico) | Antioxidante, formación de colágeno, metabolismo de los neurotransmisores | Mala cicatrización, sangrado, anemia | Cítricos, tomates, hortalizas de hojas verdes, guisantes | 60 mg |

## Vitaminas solubles en agua

Entre las vitaminas solubles en agua se cuentan el grupo de la vitamina B y la C. Se almacenan apenas en cantidades reducidas en los tejidos corporales, razón por la cual deben consumirse a diario. Las vitaminas del grupo B operan con los sistemas enzimáticos para metabolizar los alimentos y formar bioquímicos esenciales. En la tabla de la página anterior aparecen cada una de las vitaminas solubles en agua, su importancia, los signos y síntomas de su deficiencia, las fuentes alimenticias que las contienen y la dosis diaria recomendada.

## Vitaminas liposolubles

Entre las vitaminas solubles en grasa se cuentan la A, la D, la E, la K y el beta caroteno. Estas vitaminas se almacenan en el hígado y pueden llegar a acumularse hasta niveles tóxicos puesto que se excretan muy despacio. En las dosis apropiadas, las vitaminas liposolubles son esenciales para mantener la inmunidad, la resistencia ósea y la función de coagulación. En la página siguiente aparecen las funciones, las consecuencias de su déficit, las fuentes más comunes y la dosis diaria recomendada de estas vitaminas.

## Los nutrientes como remedios

Nadie muere de vejez. De hecho, todos morimos a causa de las enfermedades comunes de la ancianidad. Aunque la medicina moderna desarrolla sin cesar nuevos métodos para tratar las enfermedades que nos producen sufrimiento y nos acortan la vida, cada vez existen mayores evidencias de que podemos reducir este riesgo y la incapacidad

| VITAMINA | FUNCIÓN | SÍNTOMAS Y SIGNOS DE DÉFICIT | FUENTES ALIMENTICIAS | DOSIS DIARIA RECOMENDADA |
|---|---|---|---|---|
| A | Mantiene la función visual, la integridad de la piel y de las mucosas, inmunidad | Problemas de piel, ceguera nocturna, formación de huesos débiles | Lácteos, verduras amarillas y verdes (zanahoria, calabaza, pimiento) y frutas anaranjadas (albaricoque, papaya), yema de huevo | 4.000 a 5.000 UI |
| Carotenoides (beta caroteno) | Antioxidantes, fortalecen la inmunidad | Mayor riesgo de enfermedad cardíaca y cáncer | Verduras amarillas y verdes (boniato, calabazas) y frutas anaranjadas (melón, melocotón) | Se convierten en vitamina A, según las necesidades |
| D (colecalciferol, ergocalciferol) | Regula el calcio y el fósforo | Debilidad ósea | Aceite de pescado, pescado graso, lácteos enriquecidos, yema de huevo, mantequilla | 200 a 400 UI |
| E (tocoferol alfa, beta y gama (tocoferol) | Antioxidante, protege las membranas celulares | Sistema nervioso, células sanguíneas, problemas del sistema reproductivo | Aceites vegetales y de semillas, cereales integrales, hojas verdes, mantequilla, nueces | 12 a 18 UI |
| K (filo y menaquinona) | Contribuye en la síntesis de los factores de coagulación | Tiempo prolongado de coagulación, sangrado | Hojas de color verde oscuro, brécol, legumbres | 45 a 80 mcg |

que provocan las afecciones comunes de la humanidad mediante métodos nutricionales. En este apartado analizaremos cinco situaciones en las cuales pueden ser de utilidad los regímenes alimenticios: las enfermedades cardíacas, el cáncer, la pérdida de la memoria, la artritis y la debilidad inmunológica.

*Nutrición para el corazón*

Las enfermedades cardíacas son la primera causa de muerte y de enfermedad seria en nuestra sociedad. Seguramente usted ya sabe que el tabaquismo, la hipertensión arterial, los niveles elevados de colesterol en la sangre y la falta de ejercicio físico aumentan el riesgo de padecer enfermedades cardiovasculares. La hostilidad como actitud mental también incrementa la susceptibilidad a los bloqueos cardíacos. Nos referiremos a otros temas relacionados con el estilo de vida en este libro, pero por ahora concentrémonos en el papel de los complementos nutricionales.

*Las vitaminas antioxidantes y las cardiopatías*
Existen estudios que demuestran que las formas oxidadas de colesterol se depositan con mayor facilidad en los vasos sanguíneos, pudiendo llegar a bloquearlos. Las vitaminas antioxidantes pueden reducir la formación del colesterol «malo» y disminuir el riesgo de ataques cardíacos. Se ha estudiado el papel de las tres vitaminas antioxidantes principales y se ha demostrado que la vitamina E es la más beneficiosa, que la C es la menos útil y que los carotenoides tienen una eficacia intermedia.

Las investigaciones realizadas sobre la vitamina E durante los últimos treinta años han confirmado, en términos generales, su capacidad de reducir el riesgo de sufrir dolencias cardíacas cuando se consume en dosis diarias de entre 100 y 800 UI. En uno de los estudios más extensos se observó una reducción del 47% en la tasa de ataques cardíacos en dos grupos de hombres que tomaron 400 u 800 UI de vitamina E durante un promedio de año y medio. La mayoría de los otros estudios con hombres y mujeres han confirmado los beneficios de la vitamina E en lo que se refiere a reducir las cardiopatías.

Aunque las investigaciones indican que las dietas ricas en beta caroteno ofrecen cierta protección contra las enfermedades cardíacas, ningún estudio hasta la fecha ha demostrado de manera convincente que la suplementación con carotenoides ofrezca un beneficio claro. En efecto, en un amplio estudio, en el cual a los fumadores se les dieron suplementos de vitamina A y beta caroteno, realmente se observó un ligero aumento de muertes por cáncer de pulmón y por ataque al corazón. Aunque todavía existe mucha controversia en torno al significado de este informe, la conclusión fundamental sobre los carotenoides y las dolencias cardíacas es que es mejor comer zanahorias que exagerar con la suplementación.

A pesar de que está claro que la vitamina C es importante para mantener la salud de los vasos sanguíneos, no todos los estudios han podido demostrar que la suplementación con vitamina C reduzca el riesgo de cardiopatías. Igual que sucede con los carotenoides, las personas cuya alimentación es rica en fuentes naturales de vitamina C sufren menos de enfermedades cardíacas que aquellas cuya dieta incluye menos frutas y verduras frescas. Cabe suponer, por otra parte, que las personas que consumen fuentes naturales de vitamina C en abundancia tienen, en general, un estilo de vida sano, que no puede reemplazarse con la simple suplementación de vitaminas.

Un antioxidante al cual se le ha venido prestando mucha atención es la coenzima Q10 o CoQ10. Es un antioxidante natural conocido también como ubiquinona debido a su presencia *ubicua* en los sistemas vivos. Los estudios han demostrado que mejora la función del músculo cardíaco y puede ayudar a las personas que sufren enfermedades coronarias, hipertensión e insuficiencia cardíaca congestiva. Aunque todavía no sabemos lo suficiente sobre esta sustancia como para recomendar su uso universal, creemos que vale la pena que usted hable con su médico al respecto si tiene riesgo de sufrir una enfermedad cardíaca.

*El folato, las vitaminas $B_{12}$ y $B_6$, la homocisteína y las cardiopatías*

Uno de los descubrimientos nutricionales recientes más importantes ha sido el reconocimiento de que un nivel elevado del aminoácido homocisteína en la sangre se asocia con un mayor riesgo de padecer enfermedades coronarias. Este aminoácido puede aumentar el desarrollo de la arteriosclerosis y la probabilidad de formación de coágulos. Las vitaminas $B_6$, $B_{12}$ y el ácido fólico son importantes para reducir las cantidades circulantes de homocisteína en la sangre. La suplementación con ácido fólico (entre 400 mcg y 5 mg) junto con las vitaminas $B_6$ y $B_{12}$ puede reducir los niveles de homocisteína y frenar el desarrollo de las enfermedades coronarias.

## Para prevenir el cáncer

A pesar de los avances logrados en lo que a comprender, diagnosticar y tratar el cáncer se refiere, esta temida enfermedad sigue siendo la segunda causa principal de muerte en la sociedad estadounidense. Son pocas las situaciones críticas de la vida en las cuales la prevención nos permite obtener tantos beneficios. Aunque todavía es mucho lo que desconocemos sobre el cáncer, disponemos de información suficiente para saber que las dietas ricas en nutrientes antioxidantes ejercen un efecto protector contra las toxinas internas y externas capaces de desencadenar la transformación maligna de las células. En cambio, no son tan obvios los supuestos beneficios adicionales que podrían lograrse con una suplementación nutricional. La siguiente es nuestra posición actual sobre el papel de los nutrientes en el cáncer.

*La vitamina A, los carotenoides y el cáncer*

Si bien cabría esperar que las personas con un riesgo elevado de padecer cáncer podrían beneficiarse del consumo de beta caroteno, lo cierto es que existen tres estudios diferentes que no han sido capaces de establecer una utilidad, al menos hasta la fecha. En estudios realizados con hombres y mujeres fumadores, y en hombres expuestos al amianto, el beta caroteno no ofreció protección contra el cáncer de pulmón, mientras que dos estudios demostraron, por el contrario, un riesgo mayor en las personas que consumieron los carotenoides.

Los estudios de laboratorio han revelado que la vitamina A y diversos carotenoides pueden frenar el crecimiento de los cánceres de próstata, de cuello uterino, de boca y de piel. Sin embargo, las investigaciones en las que se documentaron los beneficios clínicos de la suplementación no han sido convincentes. Uno de los carotenoides más interesantes es el licopeno, que se encuentra en concentraciones elevadas en el tomate. Este poderoso antioxidante al parecer confiere protección contra el cáncer de próstata, lo que constituye un buen incentivo para consumir tomate con regularidad. Nuestra conclusión es que la dieta debe ser rica en fuentes naturales de carotenoides y han de utilizarse con buen criterio los suplementos, en pro de garantizar una ingesta básica sana.

*La vitamina E y el cáncer*

Durante muchos años, los estudios en animales de laboratorio han demostrado que la vitamina E puede reducir la incidencia de diversos tipos de cáncer y han sugerido que podría ser benéfica también para los seres humanos. Un estudio extenso realizado en China demostró que las personas que ingirieron dosis suplementarias de beta caroteno, vitamina E y selenio todos los días presentaron tasas significativamente menores de cáncer en comparación con quienes recibieron otros regímenes nutricionales. Otros informes han corroborado la opinión de que la vitamina E puede proteger contra el cáncer de boca, de garganta y de próstata. Es esencial consumir una buena porción diaria de este antioxidante.

*La vitamina C y el cáncer*

Al igual que con otras vitaminas antioxidantes, el mayor trabajo de investigación sobre la vitamina C y su efecto protector contra el cáncer se ha realizado en laboratorio y no a partir de estudios clínicos. Hay indicios de que la vitamina C puede reducir el riesgo de cánceres del sistema reproductivo femenino, la garganta, las vías digestivas y el sistema respiratorio. Sin embargo, aún está por demostrarse si estos hallazgos de laboratorio son relevantes para los seres humanos. Puesto que esta vitamina en general se tolera con facilidad, hasta en dosis excepcionalmente elevadas, muchos nutricionistas aconsejan consumir una dosis diaria superior a los 60 miligramos recomendados en la actualidad.

*Los nutrientes y la memoria*

Todos pensamos que la lucidez mental y la buena memoria son esenciales para la salud y el bienestar. La buena nutrición es un aspecto importante de la claridad mental y se ha demostrado que algunos suplementos nutricionales son benéficos en este sentido. Los estudios sobre la vitamina E, tanto en animales como en seres humanos, sugieren que sus propiedades antioxidantes protegen a las células cerebrales contra las fuerzas tóxicas que dañan la memoria. En un estudio extenso de una población de personas mayores se observó una correlación entre el nivel bajo de vitamina E y los problemas de memoria. Cuando a los pacientes con Alzheimer se les administra vitamina E, su deterioro es menor.

Nosotros estamos convencidos, en general, de que la dosis diaria de vitamina E puede ayudar considerablemente a mantener la claridad mental.

El ginkgo biloba ha recibido cada vez mayor atención como agente natural para mejorar la memoria. El ginkgo, derivado del árbol más antiguo del mundo, puede mejorar el desarrollo mental de las personas, independientemente de que tengan o no problemas de memoria. En la actualidad se consigue en todas partes un extracto normalizado que puede ser un buen aliado en el mantenimiento de la capacidad mental. La dosis diaria de ginkgo es de 120 a 240 miligramos. En vista de algunos informes sobre complicaciones de sangrado, no debe consumirse este agente natural junto con los medicamentos para licuar la sangre.

La acetilcolina, una sustancia química presente en el cerebro, al parecer desempeña un papel especialmente importante en lo que se refiere a almacenar, recuperar y comunicar la información de la memoria. Durante muchos años, los científicos han tratado de mejorar la función de la acetilcolina por medio de sustancias tanto sintéticas como naturales, con resultados apenas modestos. El uso de la fosfatidilserina, un compuesto derivado de la soja, podría mejorar la producción de acetilcolina y ha demostrado ser ligeramente beneficioso para la memoria. Toda la fosfatidilserina comercial se deriva de la soja. Los estudios que han puesto de relieve las propiedades de este agente para la memoria se han realizado utilizando cerca de 300 miligramos al día. Son varias las compañías productoras de suplementos nutricionales que comercializan hoy en día esta sustancia.

Otro suplemento nutricional que puede incrementar los niveles de acetilcolina es la acetil-L-carnitina (ALC). Esta sustancia natural es importante para la producción de energía en las células musculares y, al parecer, cumple una función especial en las neuronas. La ALC se ha investigado en pacientes de Alzheimer y ha demostrado frenar el avance de la pérdida de la memoria, en particular en los pacientes de menor edad. También se ha comprobado que mejora el deterioro de la memoria en las personas ancianas sin una demencia definida. Además de ayudar con la atención y ciertas destrezas de aprendizaje, la ALC ha probado su eficacia a la hora de reducir los síntomas de la depresión.

Aparte de la influencia de la carnitina sobre la mente y las emociones, los estudios sugieren que podría mejorar las funciones cardíaca y nerviosa de los diabéticos. En la actualidad hay varios laboratorios que comercializan la L-carnitina y la acetil-L-carnitina en cápsulas de 250 miligramos. A estas sustancias se les han atribuido muy pocos efectos secundarios, aparte del malestar digestivo. Los estudios con ALC en pacientes de Alzheimer se han realizado con dosis de 1 a 3 gramos diarios y pueden pasar meses antes de que se reconozcan los beneficios. Si usted o alguno de sus seres queridos está experimentando una pérdida progresiva de la memoria, valdría la pena probar la ALC, pero salvando ese caso, no creemos que deba suplementarse la dieta con una dosis adicional de carnitina.

## *Nutrición para la salud de las articulaciones*

Tener la vitalidad de la juventud implica disfrutar de la facilidad de moverse sin que exista malestar. El dolor articular y la artritis pueden afectar a la calidad de vida y hacer que se sienta más viejo de lo que es. Cada vez existe más información acerca de los esquemas nutricionales que pueden mejorar la salud articular y reducir las molestias y la incapacidad que producen la inflamación y la degeneración de las articulaciones. Las vitaminas A, C, D y E tienen funciones importantes, pues protegen las articulaciones del desgaste que produce el movimiento. Un estudio reciente del Centro de Artritis de la Universidad de Boston reveló que la mayor ingesta de vitamina C, y de vitamina E y de beta caroteno (aunque en menor medida), estaba asociada a una menor incidencia de artritis degenerativa y de dolor. Otros informes sugieren que las propiedades antioxidantes de la vitamina E sirven para calmar la inflamación de la artritis reumatoide. La niacinamida, una vitamina del grupo B, también puede contribuir a amortiguar la producción de agentes químicos inflamatorios que acompañan a los problemas articulares.

*Los ácidos grasos y la química de la inflamación*

La sangre es un caldo rico en agentes bioquímicos en los que inciden los nutrientes que consumimos. Las sustancias conocidas como citoquinas son reguladores importantes de la inflamación, y los tipos de grasas y aceites que ingerimos pueden influir en ellas. Aunque el proceso es complejo, cada vez hay más evidencias que muestran que un mayor consumo de ácidos grasos omega 3 es capaz de reducir el nivel de las reacciones inflamatorias indeseables. Los alimentos ricos en ácidos grasos omega 3 son las semillas de linaza y los pescados de agua fría como el salmón, el atún y el arenque. Estos alimentos también confieren alguna protección contra las enfermedades coronarias.

*Los nutrientes para las articulaciones*

El sulfato de glucosamina es un constituyente natural del cartílago. Varios estudios encaminados a investigar la suplementación de la dieta con esta sustancia han demostrado que reduce el dolor y mejora la función articular. Su absorción en el tracto digestivo es sorprendentemente buena y resulta tan eficaz como los medicamentos antiinflamatorios corrientes, además tiene menos efectos secundarios. La dosis usual de sulfato de glucosamina es de 500 miligramos tres veces al día.

## *Los nutrientes de la inmunidad*

Un sistema inmunológico sano refleja nuestro estado de salud y vitalidad, y es necesario para garantizarlo. Cuando el sistema inmunológico funciona a un nivel óptimo, responde a los desafíos de acuerdo con la amenaza, sin exagerar ni menguar su respuesta. En muchos informes se ha documentado que con el envejecimiento se altera la función inmunológica, lo que hace que las personas sean más susceptibles a las infecciones y al cáncer. Tener un sistema inmunológico sano y una vida saludable dependen, en esencia, de ser capaces de diferenciar las influencias que pueden beneficiarnos de aquellas que podrían resultar tóxicas. A fin de rejuvenecer y vivir más tiempo, es primordial mantener un sistema inmunológico óptimo.

Desde hace decenios se vienen estudiando los aspectos nutricionales de la inmunidad y está claro que una persona que se alimenta de forma adecuada está en mejores condiciones de generar una buena respuesta inmunitaria que una que no lo hace. El sistema antioxidante, en particular, desempeña un papel fundamental. Es de vital importancia contar con niveles elevados de vitaminas E, A, C y carotenoides, además de minerales como selenio, zinc y cobre, para responder a los retos internos y externos que ponen en peligro nuestro bienestar. Por ejemplo, un estudio reciente de la Universidad Tufts de Estados Unidos reveló que las dosis suplementarias de vitamina E pueden mejorar la inmunidad de las personas sanas, con una dosis diaria óptima de 200 UI. Otros estudios relacionados con la vitamina C y el beta caroteno también indican que la abundancia de esos antioxidantes es importante para una inmunidad adecuada.

## Nutrientes en el horizonte

A medida que crece el interés por el papel de la nutrición en la salud comienzan a aparecer en el mercado sustancias nuevas que prometen revertir el envejecimiento y a la vez mejorar la salud y la vitalidad. La mayoría de esas promesas se basan en estudios limitados que, aunque generan curiosidad, no son concluyentes. Podría ser que algunos de esos «nutracéuticos» tengan un valor real, pero creemos que es demasiado pronto para justificar que se incluyan como parte de nuestro programa nutricional. En esta sección analizaremos varias de estas sustancias que se encuentran en el «horizonte». De todos modos, le instamos a que las estudie por su cuenta antes de incluirlas en su programa nutricional.

### *S-adenosil-metionina (SAME)*

La SAME es un compuesto natural fabricado por el cuerpo a partir del aminoácido metionina. Participa en muchas reacciones metabólicas importantes como la producción de sustancias químicas cerebrales esenciales. Los estudios de personas con depresión parecen indicar que dosis suplementarias de 1.600 miligramos diarios de este compuesto mejoran el estado de ánimo en un 60% de los casos, en un plazo de entre una y dos semanas.

La SAME está disponible en Estados Unidos desde hace algunos años y sigue siendo cara. Por lo general, se vende en tabletas de 200 miligramos cuyo precio supera los 2,50 dólares, de modo que la dosis diaria normal podría costar hasta 20 dólares. Aunque los efectos secundarios son leves, es posible que aparezcan náuseas, dolor de cabeza, debilidad y palpitaciones infrecuentes. Algunos defensores de la SAME sostienen que no debe utilizarse en el trastorno bipolar porque podría agravar la fase maníaca. Se ha utilizado en dosis menores de 800 miligramos diarios para tratar la fibromialgia. Se recomienda tomar la SAME junto con las vitaminas $B_6$, $B_{12}$ y el ácido fólico, a fin de mejorar su eficacia.

La SAME puede ser una alternativa eficaz para los medicamentos antidepresivos, pero en nuestra opinión es necesario realizar más estudios científicos antes de poder recomendar su uso rutinario. Si se siente agotado y triste permanentemente, por favor consulte a su médico para hablar de todas las posibles opciones de tratamiento, incluida la SAME.

*Hormona del crecimiento*

En 1990, el doctor Daniel Rudman y sus colegas publicaron un artículo muy interesante en el *New England Journal of Medicine* en el que exponían haber administrado inyecciones de hormona del crecimiento a hombres entre los sesenta y los ochenta años de edad tres veces a la semana durante seis meses. Al terminar el estudio, los hombres que habían recibido las inyecciones presentaban un aumento de la masa corporal magra, una disminución del contenido de grasa y un aumento en el espesor de la piel. En un principio, estos resultados se difundieron con mucho entusiasmo como evidencia de que la hormona del crecimiento era la tan buscada fuente de la juventud. Por desgracia, estudios posteriores revelaron la aparición de efectos secundarios indeseables como consecuencia del uso continuado de la hormona y hubo que suspender la administración de inyecciones a varios hombres que presentaron el síndrome del túnel del carpo, edema, dolores articulares o inflamación mamaria. Otros estudios revelaron que, pese a que la persona desarrollaba una mayor masa muscular con esta hormona, no adquiría mayor fuerza. En efecto, no se lograba beneficio alguno añadiendo la hormona del crecimiento a un buen programa de ejercicio.

En vista del costo elevado y de la inconveniencia de las inyecciones de esta hormona, se han hecho intentos por estimular la producción y la liberación de la misma por medio de la ingesta oral de aminoácidos. Desde hace años se sabe que el aminoácido arginina, administrado por vía endovenosa, aumenta el nivel de la hormona del crecimiento. Los esfuerzos por incrementar los niveles de la hormona mediante la arginina oral han producido resultados mixtos. Considerando toda la información existente hasta la fecha, no creemos que haya evidencias suficientes que avalen el beneficio a largo plazo de manipular farmacológicamente los niveles de la hormona del crecimiento. Habrá que seguir atentos a los resultados de las investigaciones en ese campo.

## *Dehidroepiandrosterona (DHEA)*

Esta hormona natural producida por las glándulas suprarrenales debe de tener un propósito, pero a pesar de haberse identificado hace más de cincuenta años, los científicos aún no dilucidan su función. Se sabe que producimos muy poca DHEA durante los primeros años de vida, fabricamos mucha entre los veinte y los cuarenta, y después suspendemos gradualmente su producción hasta el punto de que, al llegar a los setenta años, tenemos menos DHEA de la que teníamos en la adolescencia. Los efectos de la administración de suplementos de DHEA en animales y seres humanos han arrojado resultados contradictorios que han dado lugar a polémica. Algunos partidarios entusiastas promueven la DHEA apuntando que es *el* elixir contra el envejecimiento, mientras que la mayoría de los científicos médicos creen que se necesitan más investigaciones para determinar sus efectos a largo plazo y los riesgos que comporta para la salud. Entre los miles de estudios sobre esta interesante hormona, hay informes que aseguran que puede aliviar la depresión, mejorar ciertos aspectos de la memoria, reducir la grasa corporal y mejorar la inmunidad. En un estudio realizado recientemente en Francia se administró a mujeres y hombres entre los sesenta y los ochenta años de edad una dosis diaria de 50 miligramos de DHEA y se los comparó con otras personas que recibieron placebo. Un año después, se observaron efectos benéficos leves en la piel de los hombres más jóvenes, mientras que hubo una mejoría moderada de la piel, los huesos y la libido de las mujeres de más de setenta años. Se desconoce si estos efectos se deben a que esta hormona se convierte en hormonas masculinas o femeninas, o a que la DHEA ejerce una acción específica por sí sola. Lamentablemente, casi por cada estudio que sugiere un beneficio, por lo general hay otro que no lo confirma.

Aunque son poco comunes los efectos secundarios serios, la DHEA se convierte en hormonas masculinas y femeninas, y podría causar problemas de salud, desde el acné hasta la activación del cáncer de seno y de próstata, y también trastornos psiquiátricos. El otro motivo de preocupación es que, en realidad, no conocemos los efectos secundarios que la DHEA pueda provocar a largo plazo. Aunque el estudio francés duró un año, la mayoría de las investigaciones que muestran beneficios o que no comportan mejora alguna han durado menos de tres meses. Pensamos que aún son muchas las preguntas que deben responderse antes de poder recomendar el uso rutinario de esta hormona tan interesante. Por nuestra parte continuaremos observando con sumo interés la DHEA y le ofreceremos la información actualizada que vayamos obteniendo. Entretanto, nos tranquiliza un poco el estudio que demostró que las personas que practican con regularidad la meditación tienen niveles de DHEA más elevados que quienes no meditan.

*Compuestos fenólicos*

Los científicos de la nutrición han identificado muchas sustancias derivadas de los alimentos que promueven la salud. Los miembros de la familia química natural de las plantas denominados compuestos fenólicos han generado gran expectación por sus poderosas propiedades antioxidantes. Algunas de las sustancias de las que usted quizás haya oído hablar son los bioflavonoides, los isoflavonoides, las catequinas y las proantocianidinas. Se ha demostrado que algunos de estos agentes químicos naturales presentes en el té verde, las bayas, la cáscara y las semillas de las uvas, y también en la corteza del pino, frenan la acción de los radicales libres con mayor eficacia que las vitaminas C y E. Las propiedades antioxidantes de las proantocianidinas, derivadas de las uvas, podrían explicar el efecto benéfico del vino en el corazón. Además de cumplir una posible función de protección contra las enfermedades cardíacas, estas sustancias también podrían proteger contra el cáncer, las condiciones degenerativas del cerebro y la degeneración macular de los ojos.

El resultado de estos estudios es que muchos laboratorios que comercializan suplementos alimenticios están ofreciendo cápsulas concentradas de estos agentes protectores. Las tiendas de productos naturistas ofrecen extractos de semilla de uva, extracto en polvo de té verde y extracto de corteza de pino (conocido comúnmente como picnogenol), que se han promocionado como drogas maravillosas contra el envejecimiento. Si bien estamos de acuerdo en que esas sustancias son regalos de la botánica, creemos que es mejor que nuestro organismo las obtenga tal y como nos las brinda la naturaleza. Nuestro consejo es que consuma grandes cantidades de arándanos rojos y azules, fresas, frambuesas y moras. Coma también muchas uvas y mastique las semillas. Una taza o dos de té verde al día le dará energía y, al mismo tiempo, le brindará los beneficios antioxidantes de los polifenoles que contiene.

Respecto de esta clase de aliados para revertir el envejecimiento, creemos que la buena alimentación es mejor que la buena medicina.

## Nuestras recomendaciones sobre el consumo diario de vitaminas

Los seres vivos han evolucionado durante miles de millones de años sin consumir suplementos nutricionales y la identificación química de la mayoría de las sustancias que se ofrecen en tabletas multivitamínicas data apenas de este último siglo. Sin embargo, cada vez está más claro que los niveles de vitaminas necesarios para prevenir una enfermedad por déficit pueden no ser los niveles requeridos para una salud óptima. Para nosotros, la suplementación nutricional es como una póliza de seguros. Le instamos a consumir las dosis diarias sugeridas en la página 110 para complementar una dieta equilibrada. Son dosis que están dentro de los límites de seguridad y reflejan, al mismo tiempo, la información acerca del papel que pueden desempeñar las dosis más altas para reducir el riesgo de condiciones comunes que nos privan de vitalidad y nos enferman. Por lo general, podrá satisfacer estas necesidades tomando un suplemento multivitamínico y multimineral de alto valor.

Si se dan en usted factores de riesgo de sufrir dolencias cardíacas, podría beneficiarse de una dosis adicional de vitaminas del grupo B, incluyendo el ácido fólico, la vitamina $B_6$ y la $B_{12}$. Si cree que su memoria no es lo que era antes, piense en agregar una dosis diaria de gingko biloba. Si ha sentido molestias en sus articulaciones, aumente su consumo de ácidos grasos omega 3 y complemente la ingesta con sulfato de glucosamina. De utilizar esos nutrientes concentrados para complementar un estilo de vida sano y una alimentación equilibrada, podrá rejuvenecer y vivir más tiempo. Pero no olvide que *los suplementos nutricionales no reemplazan una dieta saludable correctamente equilibrada.*

## Ritual de nutrición

Los rituales sirven para concentrar la atención. Es probable que no recuerde la ropa que se puso la última vez que salió a cenar, pero si esa noche hubiera asistido a una entrega de premios o a una celebración de aniversario, los detalles olvidados previamente le vendrían a la memoria. Los rituales sirven para dirigir la mente del estado de ausencia al estado de presencia, es decir despiertan la conciencia del presente. Los rituales le hacen concentrar sus intenciones y estimulan su farmacia interna para que produzca los compuestos capaces de revertir la edad.

Si usted toma sus suplementos a conciencia, podrá aumentar sus efectos y mejorar sus beneficios. Aunque hay quienes se burlan del efecto placebo, para nosotros es una expresión valiosa de la farmacia interna promotora de la salud. Cuando esperamos los beneficios de los complementos nutricionales, activamos los agentes rejuvenecedores del cuerpo para que trabajen junto a ellos.

Todas las mañanas, cuando consuma sus nutrientes, dedique unos minutos a reconocer la influencia rejuvenecedora, fortalecedora y revitalizante que ejercen sobre

| NUTRIENTE | NUESTRAS RECOMENDACIONES | % RECOMENDACIONES DE DOSIS DIARIA |
|---|---|---|
| **VITAMINAS** | | |
| $B_1$ (Tiamina) | 7,5 mg | 500 |
| $B_2$ (Riboflavina) | 8,5 mg | 500 |
| Niacina (Niacinamida) | 100 mg | 500 |
| $B_6$ (Piridoxina) | 10 mg | 500 |
| Ácido fólico | 400 mcg | 100 |
| $B_{12}$ (Cobalamina) | 30 mcg | 500 |
| Biotina | 300 mcg | 100 |
| Acido pantoténico | 50 mg | 500 |
| C (Ácido ascórbico) | 500 mg | 833 |
| A (Beta caroteno) | 10.000 UI | 200 |
| | (1/2 de la vitamina A, 1/2 del beta caroteno) | |
| D (Calciferoles) | 400 UI | 100 |
| E (Tocoferoles) | 400 UI | 1.333 |
| **MINERALES ESENCIALES** | | |
| Calcio | 1.000-1.500 mg | 100 |
| Magnesio | 400 mg | 100 |
| Yodo | 150 mcg | 100 |
| Cinc | 15 mg | 100 |
| Selenio | 200 mcg | 285 |
| Cobre | 2 mg | 100 |
| Manganeso | 2 mg | 100 |
| Cromo | 125 mcg | 100 |
| Molibdeno | 83 mcg | 100 |
| Boro | 1 mg | No se ha determinado aún |

usted. Visualice la nutrición sutil pero poderosa que esos agentes llevan a todas sus células, tejidos y órganos. Convierta el proceso de ingerir sus complementos nutricionales diarios en un ritual para promover la salud. Repita las afirmaciones que refuerzan su biostato mientras ingiere sus nutrientes, aproveche la atención y la intención para amplificar su poder para revertir la edad. Mientras toma sus complementos nutricionales, repita lo siguiente:

*Todos los días, en todas las formas, aumento mi capacidad mental y física.*
*Mi biostato está graduado en una edad saludable de _____ años.*
*Me veo y me siento como una persona sana de _____ años.*

*Revierto mi edad biológica:*

- *Al modificar la percepción que tengo de mi cuerpo, su envejecimiento y el tiempo.*
- *Mediante dos formas de descanso profundo: reposo consciente y sueño reparador.*
- *nutriendo mi cuerpo a través de una alimentación sana.*
- *También, al utilizar sabiamente los complementos nutricionales.*

## 5.º PASO

## Revierta su edad biológica mejorando la integración entre su mente y su cuerpo

### ACTIVIDAD DIARIA

*Revierto mi edad biológica mejorando la integración entre la mente y el cuerpo.*

*La forma de lograrlo es la siguiente:*

1. *Practico técnicas de respiración (pranayama) de cinco a diez veces diarias.*
2. *Realizo entre diez y quince minutos de yoga, taichi o qigong todos los días.*
3. *Tomo conciencia del cuerpo y aprendo a obedecer las señales sanas que me envía cuando mi mente genera mensajes contradictorios.*

*El cuerpo y la mente son uno solo. Cuando se perturba la relación íntima entre ambos, el envejecimiento y la entropía se aceleran, pero si se restablece su integración se genera un efecto de regeneración. Usted puede renovar la mente y el cuerpo, y revertir el proceso de envejecimiento, mediante técnicas conscientes de respiración y movimiento.*

Usted podrá revertir su edad biológica mejorando la integración entre la mente y el cuerpo, pues ambos están íntimamente interconectados.

Su cuerpo se compone de sistemas fisiológicos, órganos y tejidos, pero en última instancia es un conjunto de moléculas. Su mente la forman ideas y creencias, recuerdos y deseos, pero en esencia es una suma de pensamientos. Así, podría decirse que su cuerpo es un campo molecular, mientras que su mente es un campo de pensamientos. Detrás del campo de moléculas y del campo de pensamientos existe un campo subyacente de conciencia del cual surgen tanto la mente como el cuerpo. Cada vez que usted piensa, precipita una molécula hacia su sistema nervioso, que ejerce influencia en las demás moléculas de todo su cuerpo. Cuando se paraliza la conexión entre la mente y el cuerpo sobrevienen el envejecimiento y la enfermedad, mientras que en el caso contrario, si se aviva la conexión entre la mente y el cuerpo, se produce un efecto de salud y retroceso del envejecimiento.

Para mejorar la integración entre la mente y el cuerpo usted debe aprender a atender las señales que vienen de su interior con la misma atención que presta a las que le llegan del exterior.

Integrar la mente y el cuerpo significa establecer un diálogo sano entre sus pensamientos y sus moléculas. Significa atender las indicaciones de su cuerpo y responder con amor y veneración, pues sólo así obtendrá energía, fortaleza y flexibilidad, cualidades de un cuerpo que rejuvenece.

Son muchas las prácticas reconocidas para mejorar la integración entre la mente y el cuerpo. El yoga, el taichi, el qigong, el aikido y otras disciplinas que se basan en la respiración consciente y los movimientos físicos para llevar la atención al cuerpo y al momento presente. Estos enfoques le permiten oír las señales de su cuerpo y reavivar la energía a través de su atención y de su intención.

En el *Bhagavad Gita*, el antiguo poema épico de los Vedas, hay una expresión en sánscrito que dice: «*Yogastah kuru karmani.*» Traducida al español significa: «Una vez establecido en el yoga, realiza la acción.» Aquí, yoga significa unión. La palabra *«yugo»* en español, como el que une a dos bueyes, se deriva de esta raíz sánscrita. Establecido en el yoga quiere decir establecido en un estado de unidad en el cual el cuerpo, la mente y el espíritu se experimentan como una prolongación el uno del otro. Una vez que llevamos la conciencia a ese nivel, realizamos nuestros actos cotidianos sin perder la conexión con esa integridad. Ése es el objetivo de todas las técnicas de integración de la mente y el cuerpo.

## Integración a través de la respiración

El trabajo de respirar conscientemente es la esencia de la integración entre la mente y el cuerpo. La respiración integra la mente con el cuerpo. De manera que el pensamiento es el movimiento de la respiración y la respiración es el movimiento del pensamiento. Cuando su mente está agitada, su respiración se altera, pero si está tranquila, su respiración es reposada. Usted puede utilizar técnicas mentales para aquietar su respiración, como sucede con la meditación y también de respiración para calmar la mente. En el yoga, como en el *Ayurveda*, estas técnicas de respiración se denominan *pranayama*, palabra que significa «expansión del *prana*» o «expansión de la fuerza vital».

Hay prácticas de *pranayama* para aumentar la energía, sosegar el cuerpo y relajar la mente. Dependiendo de la técnica y de su intención, podrá utilizar el *pranayama* para cargarse de energía por la mañana, tranquilizarse cuando esté molesto, o aquietar su mente si desea dormir. Repasemos tres ejercicios básicos de respiración consciente tanto para mejorar la integración de su mente y su cuerpo como para revertir el envejecimiento.

## *Respiración para aumentar la energía*

Usted puede imprimir vigor a su cuerpo y a su mente con la técnica denominada *bhastrika* o «respiración de fuelle». Este ejercicio limpia los pulmones y a la vez incrementa el flujo de oxígeno hacia las células y los tejidos.

Siéntese cómodamente con la columna recta y los ojos cerrados. Exhale todo el aire de los pulmones. Después, comience a respirar en silencio por la nariz, repitiendo mentalmente los mantras *so* al inspirar y *jam* al espirar. Durante las primeras veinte respiraciones, inspire con fuerza contando hasta dos y haga lo mismo cuando espire. Es más fácil llevar la cuenta de las respiraciones con los dedos.

Las siguientes veinte respiraciones se hacen a un ritmo más rápido, contando hasta uno al inspirar y también al espirar. Las respiraciones se realizan siempre por la nariz, repitiendo para sí *so* al inspirar y *jam* al espirar.

Por último, realice veinte respiraciones de fuelle rápidas, de medio segundo al inspirar y otro medio al espirar. Después inspire muy despacio y tome conciencia de las sensaciones de su cuerpo. Notará que su mente está despejada y tranquila, y su cuerpo repleto de energía.

No hiperventile hasta el punto de sentirse mareado. Empuje el aire con el diafragma y sienta que el movimiento al respirar es abdominal. Mantenga la cabeza y los hombros relajados y quietos. Utilice la respiración de *bhastrika* cuando se sienta decaído y necesite recuperar rápidamente su energía. También es muy conveniente antes de iniciar la meditación de la tarde, a fin de eliminar la somnolencia.

## *Respiración para calmar*

La técnica de respiración para calmar se denomina *ujayi* y sirve para calmar la mente y el cuerpo cuando nos sentimos frustrados o irritados. Si se realiza de la forma adecuada, genera un efecto de enfriamiento en la garganta y estabiliza el sistema cardiorrespiratorio.

Para practicar esta forma de respiración, inspire a fondo. Al espirar, apriete ligeramente los músculos de la garganta para emitir un sonido parecido a un ronquido. El aire debe salir por la nariz y la boca ha de permanecer cerrada. Otra forma de aprender consiste en espirar diciendo «jaaa» con la boca abierta. Cuando ya reconozca la sensación, practique el mismo movimiento con la boca cerrada. El resultado será el sonido ronco deseado. Una vez domine la espiración, practique el mismo movimiento al inspirar. Sonará de forma algo similar a Darth Vader en *La guerra de las galaxias*.

En caso de que se sienta molesto u ofendido, inicie la respiración *ujayi* y notará cómo se va calmando. Utilice esta técnica también al practicar las posturas de yoga y mientras hace ejercicio moderado. Esta práctica de respirar para calmarse reducirá el desgaste de su fisiología y desacelerará el envejecimiento.

## *Respiración para relajar*

Usted puede calmar su mente con la técnica de respiración denominada *nadi shodhana*, que traducida al español significa «limpiar los canales». La *nadi shodhana* es muy benéfica en los casos en que la mente está muy agitada y lo que se pretende es sosegarla. Para realizar esta práctica, sírvase de los dedos de la mano derecha y tape de manera alternada la fosa nasal derecha primero y luego la izquierda. Ponga la palma contra el rostro de modo que el pulgar, el índice y los demás dedos queden separados. Con el pulgar, obture la fosa nasal derecha y con el tercero y el cuarto dedos bloquee la izquierda.

Inspire muy despacio y tape después la fosa nasal derecha con el pulgar. Espire poco a poco a través de la fosa izquierda e inspire lentamente por ella, para luego taponarla con el tercero y el cuarto dedos. Espire por la fosa derecha, inspire a través de ella, bloquéela y espire por la izquierda. Continúe con ese esquema, alternando las fosas, durante cinco o diez minutos. Después de unos cuantos ciclos, sentirá que su mente se sosiega y su cuerpo se relaja.

*Nadi shodhana*

Practique estos ejercicios de respiración durante el día para equilibrar su mente y su cuerpo. El *pranayama* le dará energía sin necesidad de recurrir a la cafeína, le ayudará a relajarse sin haber de echar mano a medicamentos, y le servirá para serenarse sin ingerir alcohol. Estas técnicas naturales equilibran y nutren el campo de energía, transformación e inteligencia conocido comúnmente como la unidad mente/cuerpo.

## Movimiento de la mente y el cuerpo

Las técnicas como el yoga, el taichi y el qigong son unas sesiones de práctica que permiten establecerse en un estado de unidad de cuerpo/mente/espíritu, estando a la vez en acción. Cada una de estas prácticas antiguas aviva la integración entre el cuerpo y la mente.

### *Yoga para revertir el envejecimiento*

Es rara la ciudad del mundo occidental donde no se encuentre una escuela de yoga. No habríamos podido decir lo mismo hace veinticinco años, cuando la gente de Occidente consideraba que los practicantes de yoga eran unos seres enjutos cubiertos con una especie de taparrabos que dormían sobre una cama de clavos. Hoy, el yoga se ha extendido y es posible encontrar escuelas en infinidad de lugares. El yoga contribuye a revitalizar muchos aspectos de la unidad mente/cuerpo, ayudando a mejorar la relajación, la flexibilidad, el tono muscular y la fortaleza.

Los orígenes del yoga se remontan al menos a cinco mil años atrás, lo que confirma su validez, independientemente del tiempo o de la cultura. La ciencia moderna acaba de comenzar a prestar atención a los beneficios mensurables del yoga en distintas condiciones patológicas como la artritis, el asma, las enfermedades cardíacas y la diabetes. La mayoría de las personas practican yoga porque les ayuda a centrarse y a relajarse, a la vez que aumenta en ellos la sensación física de bienestar.

En la actualidad, existen cientos de sistemas de yoga diferentes en el mundo. Algunos de ellos están diseñados para generar fortaleza; otros, para incrementar la flexibilidad y la relajación. Sin importar el sistema que usted prefiera, asegúrese de realizar las posturas adquiriendo plena conciencia de su cuerpo, atendiendo a las señales de comodidad o incomodidad que éste le envíe. Practique las posturas con regularidad y plena conciencia, y verá cómo no cesan de mejorar su flexibilidad y la integración de su mente y su cuerpo.

*El saludo al sol*

Existe una serie de doce posturas de yoga conocida como «el saludo al sol». Son unos movimientos maravillosos y equilibrados para mejorar la flexibilidad, la fortaleza y hasta la capacidad aeróbica, dependiendo de la forma como se realicen. Recomendamos hacer unas cuantas rondas del saludo al sol por lo menos una vez al día, ya sea temprano en la mañana o al final de la tarde, es decir, a la hora del alba o del ocaso. Esta serie de ejercicios sirve para estirar todas las partes importantes del cuerpo y despertar la vitalidad intrínseca.

*1. Postura de saludo*

Permanezca quieto y con los pies firmemente apoyados en el suelo, mirando al frente, y con las manos en actitud de oración frente al pecho. Respire de forma lenta y acompasada, mientras se concentra en su cuerpo.

## 2. Postura de brazos al cielo

Apriete los músculos de las nalgas, dirija ambos brazos hacia arriba y eche la cabeza hacia atrás para mirar al cielo, estirando al mismo tiempo la columna. Inspire mientras realiza la postura.

## 3. Postura de manos y pies

Doble despacio el cuerpo hacia adelante desde las caderas, relajando la columna, y apoye las manos en el suelo. Relaje los músculos del cuello y, si es necesario, flexione las rodillas. Espire durante esta postura.

## 4. Postura ecuestre

Estire la pierna izquierda hacia atrás y doble la rodilla derecha, para quedar finalmente apoyado sobre la rodilla izquierda y los dedos del pie izquierdo. Al mismo tiempo, ensanche el tórax y mire al frente. Inspire al estirarse para volver arriba.

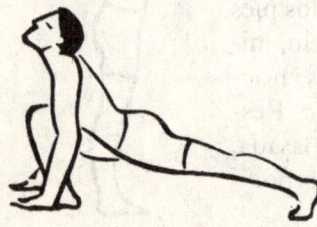

*5. Postura de la montaña*

Lleve su pierna izquierda hacia atrás para ponerla al mismo nivel que la derecha y levante las nalgas, estirando las piernas y los brazos. Apoye los talones contra el suelo y tense los músculos de la parte posterior de las piernas, para formar una especie de tienda de campaña con su cuerpo. Espire durante esta postura.

*6. Postura de los ocho apoyos*

Déjese caer muy despacio de manera que la frente, el pecho y las rodillas toquen el suelo, mientras mantiene la mayor parte del peso sobre los dedos de los pies y de las manos. Inspire y espire de forma relajada durante esta postura.

*7. Postura de la cobra*

Deje caer el peso del cuerpo sobre la pelvis, levante el pecho y arquee suavemente la espalda. Inicie el movimiento con los músculos de la espalda y, cuando ya se sienta cómodo, empuje con las manos pero *no exagere* el arqueamiento de la espalda. Inspire durante esta postura.

Las cinco posturas finales son la repetición de las cinco primeras en orden inverso.

## 8. Postura de la montaña

Mientras espira, regrese a esta postura levantando las nalgas.

## 9. Postura ecuestre

Lleve la pierna izquierda hacia adelante, doblando la rodilla, y deje la pierna derecha estirada detrás de usted. Inspire, ensanchando el tórax.

## 10. Postura de manos y pies

Lleve el pie derecho hacia adelante para ponerlo al lado del izquierdo y levante las nalgas, manteniendo ambas manos en el suelo frente a los pies. Flexione las rodillas si lo ve necesario mientras espira.

## 11. Postura de brazos al cielo

Enderece lentamente el cuerpo, comenzando el movimiento con las manos, hasta elevar los brazos hacia el cielo. Inspire mientras estira la columna.

## 12. Postura de saludo

Regrese de nuevo a esta posición de descanso con las palmas juntas delante del tórax y respire muy despacio.

Estas doce posturas son una ronda. Practique entre cuatro y doce rondas cada vez. Cuando se realiza este ejercicio de manera vigorosa, eleva la frecuencia cardíaca y hace trabajar al sistema cardiovascular. Por el contrario, si se hace lenta y relajadamente, ejerce un efecto calmante sobre la mente y el cuerpo. Trate de practicar la respiración *ujayi* al inspirar y espirar durante las posturas. Mantenga su atención en el cuerpo y libere todas las tensiones y presiones que pueda sentir. Oiga las señales de su cuerpo durante las posturas, a fin de lograr la integración óptima entre la mente y el cuerpo en pro de revertir el envejecimiento.

*Saludo al sol desde la posición sentada*

También es posible practicar una variación de las doce posturas del saludo al sol sentado en una silla, pues el beneficio es prácticamente el mismo. Puede realizar el ejercicio en la silla de su oficina o en el asiento de un avión, si lo desea. Le servirá para estirarse y tonificarse, y aumentar al mismo tiempo la circulación.

1. Siéntese cómodamente en una silla firme con los pies bien apoyados en el suelo. Junte las manos frente al pecho y concéntrese en su cuerpo. Respire de forma tranquila.

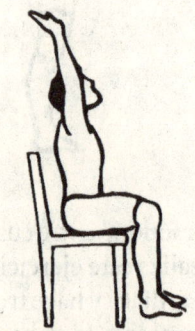

2. A la vez que inspira, alce los brazos por encima de la cabeza y estire los hombros y la parte superior de la espalda.

3. Mientras espira, doble el cuerpo hacia delante y afloje la columna hasta apoyar las manos en el suelo al lado de los pies. Apoye el pecho sobre los muslos, a la vez que relaja la nuca.

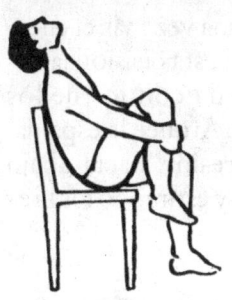

4. Inspire al tiempo que levanta el tronco y entrelaza la rodilla derecha con los dedos. Estire y arquee la espalda, estirando los brazos a la par.

5. Doble la cadera y lleve la rodilla hasta el pecho, encorvando los hombros, la espalda y el cuello hacia delante. Espire parcialmente.

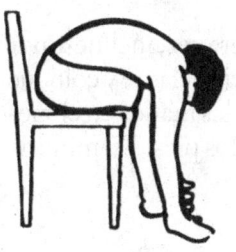

6. Suelte la pierna, apoye ambos pies en el suelo y dóblese otra vez hacia delante, poniendo las palmas en el suelo, con el pecho apoyado sobre las rodillas. Termine de espirar por completo.

7. Deje los dedos de las manos colgando cerca del suelo, levante la cabeza y arquee la nuca y la espalda hacia atrás, mientras inspira parcialmente.

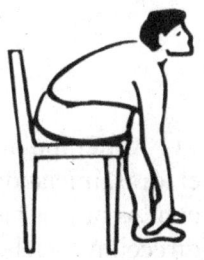

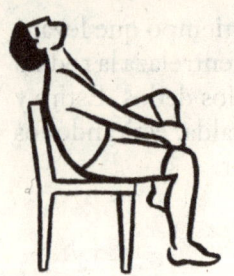

8. Levante una vez más el cuerpo y sujete en esta ocasión la rodilla izquierda con los dedos entrelazados. Arquee la espalda, aplicando presión hacia abajo con la rodilla y estirando los brazos. Inspire.

9. Doble de nuevo la cadera y lleve la rodilla hacia el pecho, espirando parcialmente.

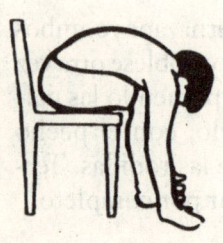

10. Por tercera vez, inclínese por completo hacia delante y coloque las palmas de las manos en el suelo, al lado de los pies. Termine de espirar.

11. Al tiempo que inspira, yerga el tórax, iniciando el movimiento con los brazos hasta estirarlos en dirección al cielo.

12. Regrese a la posición inicial con las manos juntas frente al pecho; preste toda su atención a las sensaciones de su cuerpo y respire con normalidad.

*Taichi y qigong para revertir el envejecimiento*

Las técnicas de taichi y qigong para la mente y el cuerpo se practican desde hace siglos. Sus movimientos suaves y rítmicos mejoran el equilibrio, la flexibilidad y la fortaleza, incrementando el bienestar tanto físico como mental. Qi(chi) es el vocablo chino para la fuerza vital. Taichi es el proceso de conectarse con la suprema fuerza universal. La palabra «qigong» quiere decir «cultivar la energía». Las dos técnicas son meditaciones en movimiento estrechamente relacionadas, cuyo propósito es despertar la conciencia del cuerpo mediante sus movimientos fluidos y centrados. En China, millones de personas practican taichi y qigong, por considerarlos programas excelentes para mejorar la condición de la mente y el cuerpo, y por cultivar la relajación en medio de la acción. Sirven para integrar la intención, la respiración y el movimiento, mejorando la coordinación entre la mente y el cuerpo.

Los estudios científicos sobre estas prácticas han documentado muchos beneficios para distintos aspectos de la salud. Las personas que practican el taichi mejoran de forma gradual el equilibrio y la coordinación, y también el estado físico del corazón y los pulmones. Le recomendamos que busque una escuela de taichi o qigong en su localidad, a fin de que aprenda a utilizar esos hermosos movimientos para activar la integración entre la mente y el cuerpo.

Con el propósito de que pueda hacerse una idea del efecto tranquilizante que generan estas técnicas, ensaye este movimiento básico sencillo.

*Movimiento de la energía*

Realice este movimiento inicial poniendo toda su atención en su cuerpo. Todos los movimientos son continuos, fluidos y lentos.

1. Permanezca quieto con los pies en paralelo, ligeramente más separados que el ancho de los hombros.

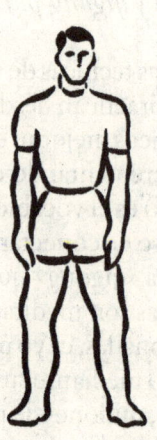

2. Levante los brazos hacia delante y hacia arriba, al tiempo que flexiona las rodillas ligeramente. Continúe con el movimiento hasta que las manos lleguen a la altura de los hombros, con las puntas de los dedos enfrentadas y separadas unos quince centímetros, y con las palmas mirando hacia usted.

3. Continúe moviéndose muy despacio y rote el hombro hacia adentro, bajando las manos de forma que las palmas miren hacia el suelo a la altura de la cintura. Al mismo tiempo, doble las rodillas un poco más.

4. Levante de nuevo los brazos y las manos poco a poco hasta que las puntas de los dedos se miren otra vez; al mismo tiempo, enderécese ligeramente, tensando un poco las rodillas.

5. Repita esta secuencia varias veces, imaginando que se mueve dentro del agua. Después de unos cuantos ciclos, baje las manos y colóquelas a ambos lados del cuerpo, y adopte una postura relajada normal.

*Conciencia en movimiento*

Cada una de estas prácticas mentales y corporales inducen al cuerpo a expresar su vitalidad natural a través del movimiento. Al fluir la energía por el cuerpo, la mente acalla su charla permanente y nos sobreviene un estado de observación inocente. Esta experiencia de encontrarse del todo presente en el cuerpo cultiva la integración mente/cuerpo y aumenta la sensibilidad de sus pensamientos frente a los mensajes de sus moléculas.

De la misma manera que nuestros pensamientos y sentimientos influyen en nuestro cuerpo, también sabemos que éste actúa sobre nuestra psique y nuestras emociones. El hecho de cambiar la postura, la actitud corporal o la posición tiene una incidencia directa e inmediata en nuestra manera de sentir y pensar. Si siente fatiga o agotamiento, trate de modificar la forma como está sentado o quieto para reflejar una posición más vital y notará que su estado mental se transforma. Integrando la mente y el cuerpo por medio del yoga, el taichi y el qigong, usted podrá reconocer los desequilibrios y corregirlos con mayor rapidez, antes de que se generen condiciones más profundas.

Busque su programa de movimiento consciente. Si practica estos procedimientos poniendo en ellos toda su atención, logrará mantener una línea clara y sana de comunicación entre su mente y su cuerpo en todas las etapas de su vida.

## *Comunicación entre la mente y el cuerpo*

Cuando no atendemos a las señales de salud de nuestro cuerpo, el envejecimiento se acelera y damos origen a las causas de muchas enfermedades. Si el cuerpo expresa una necesidad saludable, pero la mente se niega a reconocerla, se inicia el desequilibrio y sembramos las semillas de la *desintegración* entre la mente y el cuerpo.

A continuación, le mostramos algunos ejemplos comunes del deterioro de la comunicación entre la mente y el cuerpo:

- Su cuerpo está cansado y necesita sueño; su mente anula esa necesidad porque desea ver un programa de televisión que ofrecen de madrugada.

- Su cuerpo está lleno al final de una comida; su mente insiste en regresar a la mesa en busca de otro postre.
- Su cuerpo necesita comida; su mente insiste en que debe trabajar durante la hora del almuerzo.
- Su cuerpo le pide vaciar la vejiga; su mente rehúsa levantarse de su silla en mitad de una película.
- Su cuerpo quiere estirarse; su mente rehúsa molestar a los demás pasajeros que van en su fila del avión.

Empiece a prestar atención a las señales de su cuerpo y a obedecer aquellas que promueven la salud. Usted sabe cuáles señales son buenas para usted y cuáles provienen de hábitos malsanos.

Siempre que haya un conflicto entre sus necesidades físicas y las mentales o emocionales, pregúntese algo muy sencillo: De satisfacer esta necesidad, ¿me servirá para rejuvenecer y vivir más tiempo? Si la respuesta es afirmativa, satisfágala, pero si es negativa, pues reconoce que ese comportamiento podría causarle daño, óbviela. Cuando a causa de un hábito o una adicción sienta un impulso tan fuerte que supera a la sensatez, realice la acción con plena conciencia y con la atención puesta en su cuerpo. Observe conscientemente su elección sin castigarse. En el momento en que empiece a meditar con regularidad y tome conciencia de sus decisiones, descubrirá que siente menos impulsos que representen un conflicto entre su mente y su cuerpo.

*Todos los días, en todas las formas, aumento
mi capacidad mental y física.
Mi biostato está graduado en una edad
saludable de _____ años.
Me veo y me siento como una persona sana
de _____ años.*

*Revierto mi edad biológica:*

- *Al modificar la percepción que tengo de mi cuerpo, su envejecimiento y el tiempo.*
- *Mediante dos formas de descanso profundo: reposo consciente y sueño reparador.*
- *Nutriendo mi cuerpo a través de una alimentación sana.*
- *Al utilizar sabiamente los complementos nutricionales.*
- *También, si mejora la integración entre mi mente y mi cuerpo.*

## 6.º PASO

## Revierta su edad biológica mediante el ejercicio

### ACTIVIDAD DIARIA

*Revierto mi edad biológica por medio del ejercicio regular.*

*La forma de lograrlo es la siguiente:*

1. *Realizo alguna actividad aeróbica al menos tres veces por semana.*
2. *Practico veinte minutos de ejercicios de fortalecimiento un mínimo de tres veces semanales.*
3. *Tomo decisiones conscientes que me mantienen físicamente activo.*

*Un programa completo de ejercicios implica prestar atención al estiramiento, fortalecimiento y acondicionamiento cardiovascular.
El ejercicio revierte todos los biomarcadores del envejecimiento.*

Uno de los pasos más importantes para revertir la edad biológica es hacer ejercicio con regularidad. En esta época en la que todo se maneja oprimiendo botones, se corre el riesgo de dedicar demasiado tiempo a la mente, descuidando las necesidades del cuerpo. Precisamente, el movimiento es una de sus exigencias básicas. La frase de que «aquello que no se utiliza se atrofia» es válida para el cuerpo físico. Estamos asistiendo a una epidemia cada vez más generalizada de obesidad en la sociedad occidental, que comienza ya a afectar a nuestros niños, sobre todo porque el común de las gentes pasa menos tiempo moviendo su cuerpo que en cualquier otro momento de la historia humana. El resultado de no hacer ejercicio con regularidad es que aumentan los riesgos de sufrir enfermedades cardiovasculares, hipertensión, diabetes, artritis, osteoporosis y cáncer.

Varios estudios han demostrado que la inactividad es peligrosa para la salud. Un informe publicado en 1968 reveló que al imponer reposo en cama a hombres jóvenes y sanos durante tres semanas, los parámetros de su condición cardiovascular se deterioran en lo que equivaldría a casi veinte años de envejecimiento. Al caso, quien ha tenido que llevar un yeso sabe que la falta de uso hace que los músculos pierdan su masa y se debiliten.

El ejercicio por sí solo puede alterar muchos de los biomarcadores importantes del envejecimiento. Los doctores William Evans e Irwin Rosenberg de la Universidad Tufts de Estados Unidos han documentado los efectos poderosos del ejercicio sobre la masa muscular, la fuerza, la capacidad aeróbica, la densidad ósea y muchos otros marcadores clave del envejecimiento. Una de las formas más eficaces de elevar el nivel de colesterol HDL (el colesterol «bueno») es por medio del ejercicio. Los estudios con hombres de sesenta y setenta años han demostrado que éstos pueden aumentar su fuerza muscular de un 100 a un 200% después de tan sólo doce semanas de entrenamiento. Al mismo tiempo que el cuerpo adquiere fortaleza, también adelgaza. El resultado es que mejora la capacidad para regular el azúcar y se reducen los riesgos de desarrollar diabetes. El entrenamiento periódico con pesas fortalece los huesos y disminuye las probabilidades de desarrollar osteoporosis. Esto es especialmente importante para las mujeres en riesgo de perder masa ósea después de su edad reproductiva.

De todos los sistemas para rejuvenecer, el ejercicio es el que produce resultados con mayor rapidez. Al cabo de una semana de seguir un programa de acondicionamiento físico, usted notará una mejoría definitiva en su sensación de bienestar.

Hacer ejercicio con regularidad es un elemento esencial del programa para revertir el envejecimiento.

## Acondicionamiento total

Un programa completo de acondicionamiento físico debe incluir ejercicios para mejorar la flexibilidad, la fuerza y la resistencia. Cuando el cuerpo gana flexibilidad, también se eleva el nivel de comodidad física y emocional, y se reducen las probabilidades de sufrir lesiones. Como vimos en el capítulo anterior, el yoga, el taichi y el qigong mejoran la flexibilidad y amplían, al mismo tiempo, la integración entre la mente y el cuerpo. Dedique por lo menos diez minutos a un estiramiento suave y consciente como parte del calentamiento previo a cualquier rutina de ejercicio. Por desgracia, son muchas las personas que tienen la buena intención de comenzar a hacer ejercicio pero no destinan el tiempo suficiente a calentarse como es debido. El resultado es que se provocan esguinces musculares o de ligamentos y no pueden continuar con su programa.

Cuando se mejora la fuerza muscular se incrementa la vitalidad y se logra revertir una característica común del envejecimiento conocida como *sarcopenia*. Esta palabra, acuñada por los investigadores de la Universidad Tufts, significa «falta de carne». Es bien sabido que la inactividad produce debilidad, reduce la masa muscular y aumenta la acumulación de grasa. Pero todas estas consecuencias pueden revertirse mediante una gimnasia de fortalecimiento. Mejore su tono muscular con ejercicios de levantamiento de pesas y ello redundará también en su postura y en la reducción del dolor lumbar. Si sufre de malestar crónico en esa zona y cree que no puede hacer ejercicio, comience a mejorar de manera gradual el tono de sus músculos abdominales y de la espalda, y su dolor disminuirá.

El ejercicio tiene beneficios emocionales y psicológicos. Hay cientos de estudios que confirman el valor del ejercicio sobre el estado mental y de ánimo. A continuación le detallamos algunos de los beneficios psicológicos comprobados:

- Disminuye la depresión
- Disminuye la ansiedad
- Disminuye la ira
- Disminuye la desconfianza
- Mejora la imagen de uno mismo
- Mejora la tolerancia al estrés
- Mejora el sueño

El ejercicio genera una mayor sensación de confianza e idoneidad. Es bueno para el cuerpo y también para la mente. Veamos más detenidamente los ingredientes esenciales de un programa de acondicionamiento físico eficaz para revertir el envejecimiento.

## Flexibilidad

Realice ejercicios de estiramiento durante algunos minutos antes de iniciar el trabajo vigoroso de fortalecimiento o resistencia cardiovascular. Si su trabajo le obliga a permanecer sentado durante horas, con unos minutos de ejercicios de flexibilidad podrá corregir el acortamiento y la rigidez de los músculos que la inactividad produce. Es sorprendente la poca documentación científica que existe acerca de la reducción de las lesiones musculares gracias al estiramiento previo al ejercicio. Los informes que demuestran un beneficio sugieren que el mejor resultado se obtiene estirando activamente y sosteniendo la posición durante quince segundos. Si es propenso al dolor lumbar, los ejercicios de estiramiento de la columna reducirán el malestar durante y después del ejercicio.

Practique de cinco a diez minutos de yoga u otro ejercicio de flexibilidad antes de iniciar su rutina diaria. Con el saludo al sol (véase la página 129) se estiran todos los grupos musculares, mejora la flexibilidad de la columna y el tono muscular, y aumenta la circulación. También centrará su atención en el cuerpo y lo preparará para ejercicios de fortalecimiento y actividad aeróbica.

## Fortalecimiento

Los músculos responden al uso, lo que significa que para fortalecerlos usted debe activar de forma regular un determinado grupo muscular. El cuerpo humano tiene más de cien músculos diferentes, que gobiernan el movimiento y sostienen la postura. El beneficio que puede obtenerse al ejercitar sistemáticamente los principales grupos musculares de los brazos, las piernas y el tronco es muy elevado. La clave para fortalecer los músculos radica en comenzar muy despacio e ir incrementando poco a poco el nivel de acondicionamiento. Si bien los gimnasios ofrecen diversas opciones para el ejercicio y pueden servirle de motivación, no se necesitan equipos costosos para lograr un buen programa de ejercicios.

## Los siete ejercicios básicos

Practique los siete ejercicios básicos que aparecen a continuación en días alternos durante dos semanas y verá que el tono y la fuerza de sus músculos mejoran notoriamente. Destine entre cuatro y cinco minutos a cada ejercicio hasta completar media hora de trabajo de fortalecimiento.

1. Flexión de brazos. Este ejercicio fortalece los músculos flexores del codo. Para comenzar, utilice algún objeto que pese unos dos kilos. Puede comprar unas pesas pequeñas o utilizar un envase sin abrir de 2 litros de agua, leche o zumo de naranja. Siéntese en una silla con la espalda bien apoyada. Comience con el antebrazo reposado sobre el muslo, con la palma hacia arriba. Extienda poco a poco el codo y después dóblelo por completo. Inspire al flexionar y espire al estirar. Repita el ejercicio entre diez y quince veces. Cuando complete una ronda de repeticiones, descanse un minuto y comience de nuevo. Haga de tres a cinco rondas con cada brazo. Después de unas pocas semanas, co-

mience a aumentar de forma gradual el peso agregando un kilo. Este ejercicio contribuye a fortalecer los bíceps, en especial.

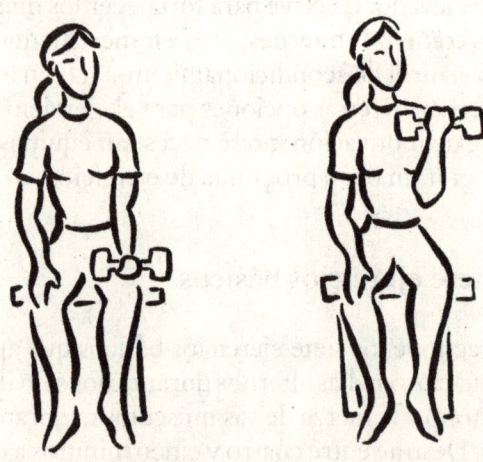

*1. Flexión de brazos*

2. Rotación de hombros. Un ejercicio muy bueno para reducir las lesiones de hombro es el que fortalece los músculos de rotación externa de los brazos. En la mayoría de los programas de ejercicio no se incluyen los rotadores externos, con lo cual se crean desequilibrios en la cintura escapular. Estos desequilibrios predisponen a lesiones de la articulación de rotación del hombro.

Siéntese con la espalda erguida y utilice la misma pesa pequeña. Con los codos apoyados a los lados, comience con los brazos estirados al frente, paralelos al suelo. Ahora rote despacio las manos hacia afuera, cuanto pueda. Permanezca en esta posición durante unos segundos y regrese al inicio. Repita las rotaciones externas diez veces.

Otra forma de fortalecer esos mismos músculos es con una banda elástica grande. Sosténgala con ambas manos y rote los brazos hacia fuera, contra la resistencia de la banda.

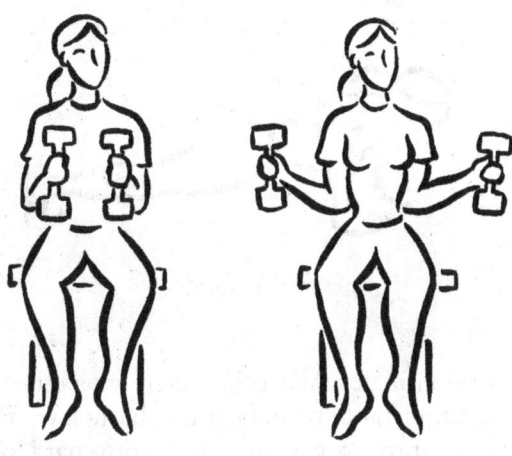

*2. Rotación de hombros*

3. Flexiones. Este ejercicio, asaz conocido, fortalece los músculos de la cintura escapular y el tríceps. Si no puede hacer las flexiones con las piernas estiradas por completo, comience apoyando el peso en las rodillas. Inspire y baje hacia el suelo; espire mientras sube. Empiece con ocho o diez repeticio-

nes, descansando medio minuto entre cada ronda. Trate de hacer tres rondas la primera semana y después aumente de forma gradual hasta cinco.

*3. Flexiones*

4. Abdominales. Al hacer los ejercicios abdominales, es importante reconocer que basta levantar la cabeza entre 25 y 30 grados del piso para lograr un beneficio máximo. Al contrario de lo que sucede con el acto de sentarse y levantarse, estos abdominales no implican un esfuerzo innecesario para la columna. Acuéstese sobre una superficie acolchada con las rodillas dobladas y los dedos entrelazados detrás de la nuca. Levante la cabeza y los hombros con el mentón separado del pecho a una distancia aproximada de un puño. Inspire al incorporarse y espire al regresar al suelo. Realice quince abdominales y luego descanse durante medio minuto. Comience con tres rondas y aumente de forma gradual hasta cinco.

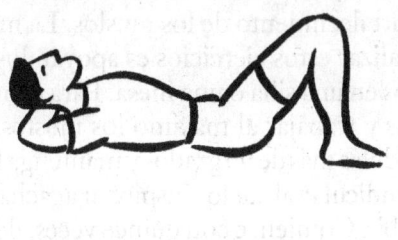
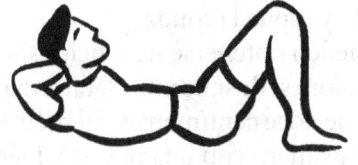

*4. Abdominales*

5. Fortalecimiento de la espalda. Túmbese boca abajo con las palmas de las manos apoyadas en el suelo. *Sin hacer fuerza con ellas,* eleve poco a poco el pecho, valiéndose de los músculos de la espalda. Utilice los brazos y las manos sólo para estabilizarse. Repita el movimiento de subir y bajar el pecho, trabajando únicamente los músculos de la espalda. Una ronda consta de veinte o veinticinco movimientos.

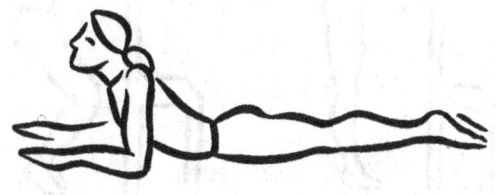

*5. Fortalecimiento de la espalda*

6. Fortalecimiento de los muslos. La mejor forma de realizar estos ejercicios es apoyándose con las manos en una silla o una mesa. Para proteger las rodillas y trabajar al máximo los muslos, no doble las rodillas más de 90 grados y mantenga la espalda perpendicular al suelo. Inspire al agacharse y espire al subir. Comience con quince veces, descanse medio minuto y repita la ronda.

Pueden obtenerse beneficios similares subiendo escalones. Busque una plataforma que esté a una altura de doce centímetros del suelo y suba comenzando primero con una pierna y luego con la otra. Empiece con veinticinco pasos con cada pierna. Continúe hasta que sienta una ligera quemazón en los músculos de los muslos.

También puede usar pesas para fortalecer los músculos extensores de la rodilla. Siéntese en una silla firme, con la espalda bien apoyada; póngase una pesa de uno a dos kilos alrededor de cada tobillo. Estire poco a poco la rodilla, mantenga la pierna durante algunos segundos en el aire y, despacio, regrese a la posición inicial. Trabaje primero un lado y después el otro, comenzando con unas diez repeticiones.

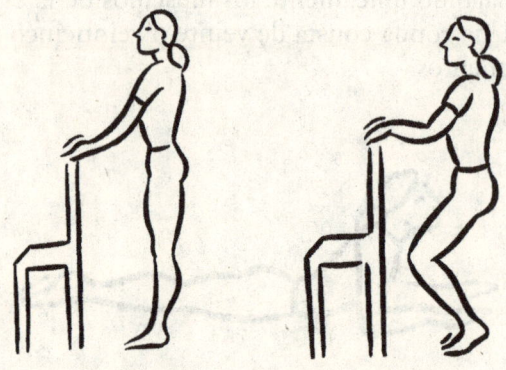

*6. Fortalecimiento de los muslos*

7. Estiramientos. Este ejercicio tonifica los músculos de la pantorrilla. Realícelo con los pies descalzos o en calcetines. Apoye las manos en una mesa o una silla y póngase de puntillas muy despacio mientras inspira. Después, baje los talones y espire al mismo tiempo. Haga entre veinte y veinticinco estiramientos, descanse medio minuto y repita. Pruebe con tres rondas en un principio, aumentando de forma gradual hasta cinco.

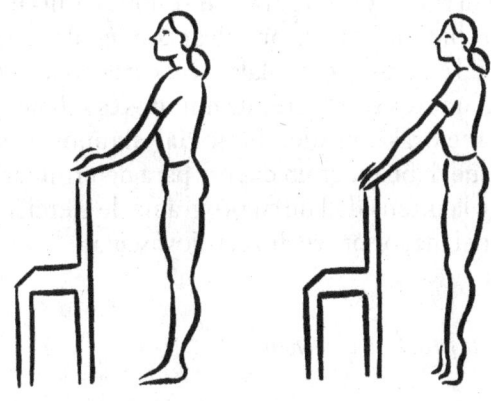

7. *Estiramientos*

## Circulación de la fuerza vital

La fisiología humana es un instrumento biológico complejo diseñado para transformar la creatividad en manifestación, el pensamiento en acción. Si no aumentamos con regularidad el flujo de oxígeno a los pulmones y mejoramos la circulación de la sangre a través del cuerpo, la fisiología no tiene la oportunidad de experimentar su desarrollo óptimo. Al no ejercitar adecuadamente los sistemas cardiovascular y respiratorio aumentan los riesgos de sufrir cardiopatías, hipertensión y diversos tipos de cáncer. A cualquier edad, y con independencia de cuál sea su estado físico actual, iniciar un programa de ejercicios aeróbicos le servirá para mejorar su bienestar tanto físico como emocional y para rejuvencer.

Al igual que sucede con los ejercicios de fortalecimiento, el programa de acondicionamiento cardiovascular no tiene que ser complicado para reportarle beneficios para la salud. La regularidad es importante, porque la mente siempre busca excusas para no hacer ejercicio, sobre todo si pierde su rutina y omite algunas sesiones. Elija una actividad aeróbica que pueda practicar con regularidad —sin importar el clima— y cúmplala. Tres o cuatro sesiones a la semana durante veinte a treinta minutos es suficiente para obtener mejoras considerables. Hay algunos principios básicos que debe tener en cuenta para determinar la frecuencia y la intensidad de su programa de ejercicios a fin de lograr el mayor provecho cardiovascular.

## *Calcule su nivel de ejercicio*

El primer paso es calcular su frecuencia cardíaca máxima (FCM), que se determina restando su edad de 220.

220 - _____ = _____
          Edad en años    Frecuencia cardíaca máxima

Por ejemplo, si usted tiene 50 años, su frecuencia cardíaca máxima es 170 (220-50). Si acaba de iniciar un programa de ejercicios, consulte a su médico para cerciorarse de que nada le impide seguir un programa sin supervisión, como podría ocurrir si sufriese una enfermedad cardíaca, obesidad severa o artritis limitante.

Al comienzo de su programa, trate de alcanzar un nivel entre el 50 y el 60% de su frecuencia cardíaca máxima. Si su estado es bueno, elija el objetivo del 60% y si no, o hace mucho tiempo que no realiza una actividad cardiovascular, opte por el 50%.

_____ × 0,6 = _____
Frecuencia cardíaca máxima          Meta de frecuencia cardíaca

Para una edad de 50 años, este objetivo debe ser de 85 a 102 latidos por minuto (50% de 170 = 85; 60% de 170 = 102).

Tómese el pulso antes de comenzar y haga ejercicio hasta que la frecuencia cardíaca llegue al nivel propuesto. En el mercado existen muchos monitores cardíacos de buena calidad a precios razonables. Aunque si no dispone de uno, puede tomarse el pulso cada cinco o diez minutos mientras hace gimnasia. De todos modos, siempre resulta más cómodo echar una mirada al monitor de pulsera.

El mayor beneficio se obtiene haciendo entre veinte y treinta minutos de ejercicio. Sin embargo, si no está en buena forma, comience con apenas diez o quince minutos. Son muchas las actividades para ejercitar eficazmente el sistema cardiovascular, entre otras, trotar, hacer ciclismo, bailar, pedalear en bicicleta estática, hacer *kickboxing* o *spinning*, caminar por la banda sin fin, subir escaleras, remar, practicar excursionismo y nadar. Busque algo que le agrade y que pueda hacer con facilidad. También se ha demostrado el beneficio de realizar ejercicios de fortalecimiento unos días y actividades aeróbicas otros. Un día podría caminar por la banda sin fin durante veinte minutos, otro montar en bicicleta y otro asistir a una clase de danza aeróbica. Con cada actividad ejercitará unos músculos diferentes y mejorará su estado cardiovascular. Fije un horario para su rutina diaria y sea constante.

Una vez que se sienta a gusto con su nivel de actividad, trate de aumentar de forma gradual su objetivo para la frecuencia cardíaca hasta un 65 a 75% de la máxima.

Siguiendo con nuestro ejemplo, de tener 50 años, significa un objetivo de 110 a 128 latidos por minuto (65% de 170 = 110; 75% de 170 = 128). Durante las primeras dos semanas permanezca en el nivel del 60% y después aumente de manera progresiva un 5% cada pocas semanas hasta que alcance el 70 o 75% de su FCM

No aumente su objetivo si siente que debe hacer esfuerzo en su nivel actual. Ha de poder hablar mientras hace ejercicio y, a buen seguro, será hora de aumentar la intensidad si puede sostener una conversación tranquilamente. En todo momento ha de ser capaz de respirar por la nariz. Trate de pensar en el mantra *so jam* mientras hace ejercicio, a fin de mantener su atención en el cuerpo, repitiendo en silencio *so* al inspirar y *jam* al espirar.

Una ligera transpiración significa que está quemando calorías, pero no debe sudar en exceso. Si siente que se queda sin aliento o nota dolor en el pecho, suspenda su actividad y póngase en contacto de inmediato con su médico. Aunque ha de percibir que gastó energía durante una buena sesión de ejercicio, no debe sentirse completamente agotado o exhausto. Al principio, o al aumentar la intensidad del ejercicio, es normal que se encuentre algo dolorido, pero no debe experimentar un malestar severo. Utilice el sentido común y busque un beneficio equilibrado a largo plazo con su programa regular de ejercicios.

No tardará mucho en ver que su fuerza y su condición cardiovascular mejoran con su programa constante de ejercicio. Además de aumentar su sensación de bienestar general, observará que pierde peso, duerme mejor y digiere y elimina con más facilidad los alimentos. Lo más importante es que se verá y se sentirá de acuerdo con su edad biológica sana. Está en sus manos dar este paso para mejorar su capacidad física. Nadie más podrá hacerlo por usted. Por consiguiente, comience hoy y rejuvenezca rápidamente.

## Haga ejercicio mientras viaja

Si sus ocupaciones le exigen viajar con mucha frecuencia, tendrá que prestar un poco más de atención para poder cumplir su rutina de ejercicio. En la mayoría de los hoteles hay un gimnasio con los equipos básicos. Pregunte por esas instalaciones al hacer su reserva. Aunque si no hay equipo, siempre podrá practicar los siete ejercicios básicos en su habitación, utilizando botellas de agua de dos litros como pesas. Para los demás ejercicios de fortalecimiento lo único que necesita es su propio cuerpo.

Si no dispone de una banda sin fin, ejercite su sistema cardiovascular practicando el saludo al sol a ritmo rápido durante quince o veinte minutos. Utilice las escaleras del hotel en lugar del ascensor para llegar hasta la planta de su habitación. Si su reunión de negocios se celebra cerca, salga con tiempo suficiente para ir a pie, caminando a paso ligero, en lugar de tomar un taxi. Es más fácil continuar haciendo ejercicio con regularidad que parar durante una semana o dos para luego empezar otra vez. Dé una alta prioridad a su programa de acondicionamiento físico.

## Mantenga la actividad

Busque oportunidades durante el día para mantenerse físicamente activo. Si vive a medio kilómetro de su gimnasio, póngase sus zapatillas de deporte y corra hasta allí en lugar de ir en coche y perder diez minutos buscando aparcamiento. Si trabaja en la vigésima planta de un edificio de oficinas, use el ascensor hasta la decimosexta y suba a pie el resto de las escaleras. Si necesita comprar algo en el supermercado, vaya en bicicleta y ahorre, de paso, un poco de combustible. Aparque su vehículo a algunas manzanas de su trabajo y recorra el resto de la distancia a pie.

Decida conscientemente permanecer activo. Su cuerpo y su mente responderán con mayor energía y vitalidad. Mantener la actividad física le ayudará a rejuvenecer y a vivir más tiempo.

*Todos los días, en todas las formas, aumento
mi capacidad mental y física.
Mi biostato está graduado en una edad
saludable de _____ años.
Me veo y me siento como una persona sana
de _____ años.*

*Revierto mi edad biológica:*

- *Al modificar la percepción que tengo de mi cuerpo, su envejecimiento y el tiempo.*
- *Mediante dos formas de descanso profundo: reposo consciente y sueño reparador.*
- *Nutriendo mi cuerpo a través de una alimentación sana.*
- *Al utilizar sabiamente los complementos nutricionales.*
- *Si mejora la integración entre mi mente y mi cuerpo.*
- *También, mediante el ejercicio.*

## 7.º PASO

# Revierta su edad biológica eliminando las toxinas de su vida

## ACTIVIDAD DIARIA

*Revierto mi edad biológica eliminando las toxinas de mi cuerpo físico y de mi cuerpo emocional.*

*La forma de lograrlo es la siguiente:*

1. *Elimino cualquier rastro de toxicidad de la dieta y bebo entre dos y tres litros de agua todos los días.*
2. *Aprendo a controlar la agitación emocional.*
3. *Mejoro o desecho las relaciones tóxicas.*

----------  ----------

*La acumulación de toxinas en el sistema cuerpo/mente acelera el envejecimiento. Al eliminarlas, se fortalece la capacidad de renovación. Es necesario identificar y desechar las toxinas de su cuerpo, su mente y su alma.*

---

Usted podrá revertir su edad biológica eliminando las toxinas de su entorno. Cada impulso de su vida puede considerarse en función de la nutrición o toxicidad que le aporte. Así, una experiencia que nutre es la que le da felicidad, expande su conciencia y le ayuda a rejuvenecer. Una experiencia tóxica le deja un poco de tristeza, hace que se sienta atrapado y acelera el envejecimiento. Esto es válido tanto para sustancias y alimentos tóxicos, como para relaciones o emociones tóxicas.

Un paso esencial para revertir el proceso de envejecimiento consiste en identificar y liberar las toxinas de todos los planos de la vida.

El envejecimiento y la enfermedad son producto de la acumulación de reacciones tóxicas. Los científicos han llegado a la conclusión de que el daño tóxico a las células y los tejidos lo causan los radicales libres que se forman cada vez que se metaboliza el oxígeno. Una molécula de radical libre es una molécula de oxígeno a la que le falta un electrón. Conocida también como especie reactiva de oxígeno, lleva además otros nombres como radical hidroxilo, oxígeno único, superóxido y peróxido de hidrógeno. Estos agentes químicos hambrientos tratan de reemplazar su electrón faltante a toda costa, robándolo de cualquier fuente cercana, ya sea de proteínas, grasas o moléculas de ADN. En situaciones controladas, los radicales libres son útiles para metabolizar los alimentos y organizar una respuesta inmune contra las bacterias invasoras. Sin embargo, el daño secundario producido por la formación de un radical libre se traduce en enfermedad y envejecimiento. Algunas de las enfermedades más comunes de nuestra sociedad relacionadas con el daño de los radicales libres son las siguientes:

- Cáncer
- Enfermedades cardíacas
- Derrame cerebral
- Diabetes
- Artritis
- Osteoporosis
- Enfermedad inflamatoria del colon
- Glaucoma
- Degeneración retiniana
- Enfermedad de Alzheimer

Las arrugas, las canas y la rigidez de las articulaciones también son obra de los radicales libres. Hay cosas que aumentan la producción de estos radicales y otras que la limitan. Entre las primeras destacan:

- El tabaquismo
- La contaminación ambiental
- El alcohol
- La radiación, incluida la exposición excesiva a los rayos del sol
- Las carnes asadas al carbón y las ahumadas
- Los alimentos añejos y los fermentados
- Las drogas para quimioterapia
- La ingesta abundante de grasas saturadas e hidrogenadas
- El estrés y las hormonas del estrés

Los seres humanos hemos desarrollado un sistema complejo para neutralizar los efectos nocivos de los radicales libres, el *sistema antioxidante*. En él intervienen enzimas, vitaminas y minerales, y si funciona bien, nos permite desactivar las moléculas dañinas antes de que puedan afectarnos.

Éstas son algunas de las medidas que usted puede tomar para mejorar su sistema antioxidante:

- Consuma más alimentos ricos en antioxidante: frutas frescas, verduras, cereales, frutos secos y legumbres.
- Utilice generosamente hierbas y especias ricas en antioxidantes: eneldo, cilantro, romero, salvia, tomillo, hierbabuena, hinojo, jengibre y ajo.
- Elimine el tabaco, el exceso de alcohol y los medicamentos que no sean esenciales.
- Tome vitaminas antioxidantes: A, C y E.
- Reduzca el estrés: medite.

---

*La acumulación de toxinas en el sistema cuerpo/mente acelera el envejecimiento.*

---

## Libérese de las sustancias tóxicas

Los seres humanos tenemos una propensión singular hacia las cosas que no son buenas para nosotros. En parte, esta afinidad es química, puesto que la nicotina, las drogas ilícitas y el alcohol imitan a los agentes bioquímicos en dosis que generan síntomas de abstinencia cuando se suspenden. En cierto modo, esta tendencia podría explicarse por nuestra resistencia infantil frente a las figuras de autoridad que nos indican lo que está bien y lo que está mal. Cualquiera que sea la explicación, una vez establecido un hábito tóxico, el ritual mismo sirve de refuerzo para el comportamiento. Por ejemplo, el simple acto de servirse una copa o encender un cigarrillo contribuye a aliviar la ansiedad. Claro está que el problema es que el alivio transitorio puede predisponernos a un sufrimiento de muchos años.

Nuestra experiencia en el Centro Chopra nos ha enseñado que para que una persona pueda librarse de algo que le hace daño es necesario que se den varios elementos. Para descifrar un patrón de condicionamiento tóxico y reemplazarlo por uno benéfico, es necesario reforzar sistemáticamente la transformación con los pensamientos y las decisiones. Son cuatro los pasos fundamentales para librarse de un hábito tóxico.

*La intención de desintoxicarse*

El primer paso importante es *tener una intención clara y decidida*. Si no está convencido de que su vida será mejor cuando se libere de algo tóxico, no tendrá la motivación ni la voluntad para efectuar el cambio. Es mejor formular la intención de una manera positiva y no negativa. Por ejemplo, si desea dejar de fumar, diga: «Deseo poder respirar más fácilmente y sentirme bien con mi cuerpo sin necesidad del tabaco», en lugar de decir: «Debo librarme de estos cigarrillos horribles.» Si lo que quiere es renunciar al alcohol, desarrolle la intención de que desea sentirse seguro y centrado sin necesidad de automedicarse. Si ansía perder peso, desarrolle la intención de que anhela un cuerpo sano y en buena forma física. Visualice con nitidez cómo mejorará su vida al librarse de la toxina. Si está luchando contra una adicción y está seguro de querer librarse de ella, ponga en práctica el proceso de «visualización de la unidad» que explicamos más adelante.

Si consume habitualmente una sustancia tóxica con

la que se hace daño, comprométase ya a dejarla. Desarrolle una intención clara y refuerce sus afirmaciones:

> *Me comprometo a desterrar de mi vida \_\_\_\_ de una*
> *vez por todas.*
> *Sin _____ en mi vida,*
> *me siento y me veo como una persona sana*
> *de _____ años.*

Practique su afirmación durante el día, visualizando su vida sin el hábito tóxico hasta que su cuerpo/mente reaccione de forma espontánea ante esta visión. Desarrolle una visión clara de su nueva realidad y comience a forjarla mediante sus decisiones cotidianas.

---

### Visualización de la unidad

Siéntese cómodamente, cierre los ojos y medite durante algunos minutos para acallar su diálogo interior. Si no conoce la técnica de la meditación con los sonidos primordiales, practíquela tomando conciencia de la respiración, tal como le indicamos en el capítulo 3. Ahora, comience a visualizar su vida sin los efectos negativos del hábito dañino. Imagine su hogar y su ambiente de trabajo libres de esa adicción. Visualice la nueva imagen de su cuerpo, su olor y la sensación de estar libre de los efectos tóxicos de la dependencia. Recree en su mente las relaciones benéficas con sus amigos y seres queridos. Experimente en el telón de su conciencia la vitalidad, la comodidad y la sensación de idoneidad ahora que está libre del patrón negativo que afecta su vida. Permita que esta visualización de unidad penetre en cada célula de su cuerpo.

## *Practique la plena conciencia*

El segundo paso consiste en *convertir el comportamiento tóxico en una meditación atenta*. Esto implica situarse en la modalidad de observador consciente mientras realiza la acción. Si desea desechar el tabaco, concentre toda su atención en la acción. Siéntese en silencio y obsérvese en el momento de buscar el paquete, sacar un cigarrillo, encenderlo y dar una calada. Experimente las sensaciones de su cuerpo y pare cuando haya satisfecho su necesidad.

Son pocas las personas que realmente disfrutan la primera bocanada de humo o el primer trago de whisky, lo que refleja la sabiduría interna del cuerpo. Sólo después de vencer las señales del cuerpo por medio de mensajes mentales falsos —«Proyecto una imagen interesante cuando fumo»; «La bebida hace que me sienta mayor»; «Consumir drogas es estar al día»— el cuerpo deja de enviar impulsos fisiológicos, pues, en su esfuerzo por conservar energía, deja de enviar sus señales cuando nos negamos a reconocerlas. Realizar el acto habitual con la «conciencia del principiante» le ayudará a experimentar los efectos reales de las sustancias.

## *Desintoxique todo su organismo*

El tercer paso es *iniciar un programa de desintoxicación general*. Establezca una fecha final y aproveche la ocasión para despejar tanto la mente como el cuerpo. El hecho de concentrarse en la purificación le ayudará a acortar el período de malestar producido por la abstinencia y a poner el cuerpo en una modalidad de funcionamiento más sana. Beba muchos zumos de frutas y de verduras naturales durante este tiempo. Ingiera los zumos de frutas por la mañana, los mixtos de frutas y verduras durante el día y los de vegetales y las cremas de verduras por la noche. También le recomendamos el té de raíz de jengibre preparado con una cucharadita de jengibre fresco rallado disuelta en cuatro tazas de agua hirviendo. Simplifique su dieta durante algunos días, y consuma cereales integrales, verduras al vapor y sopa de lentejas. Tome baños de agua caliente o vaya a una sauna o a un baño de vapor para favorecer la eliminación de las toxinas a través de la piel. Dedique un tiempo a caminar todos los días por un parque o a la orilla de un río, un lago o el mar. Respire aire puro, reciba el sol en el rostro y juegue con los pies descalzos en la arena o el césped. Conéctese directamente con la influencia purificadora de la naturaleza.

Éste es un buen momento para iniciar una rutina diaria de salud. Comprométase a meditar dos veces al día, a acostarse a las 22.30 de la noche y a levantarse al amanecer. Beba mucha agua. Inicie un programa regular de ejercicios. Ponga su cuerpo en movimiento a fin de movilizar las toxinas. Inicie una dieta sana. Mientras más cosas positivas incluya en su vida, más fácil le resultará eliminar todo lo que pueda ser tóxico.

*Panchakarma*

El *Ayurveda* recomienda un programa completo de desintoxicación llamado *panchakarma*, palabra que significa «acciones purificadoras». El programa completo que ofrecemos en el Centro Chopra es un proceso sistemático para identificar, movilizar y eliminar las toxinas acumuladas en el cuerpo. Después de unos masajes maravillosos con aceite vienen los tratamientos con calor y, más tarde, algún tipo de procedimiento de eliminación para descargar las toxinas a través de las vías digestivas o los pasajes nasales.

Usted puede seguir un programa suave de desintoxicación en su casa conforme a los pasos siguientes:

1. Adopte una dieta simplificada durante cinco días a base de muchas verduras al vapor, cereales integrales y sopa de lentejas. Elimine los alimentos fermentados, los lácteos, los productos de origen animal y los hidratos de carbono refinados.
2. Durante tres días consuma semillas de sésamo y uvas pasas amarillas, a fin de lubrificar el tracto digestivo. Prepare una mezcla de 1/8 de taza de semillas de sésamo y 1/8 de taza de uvas pasas. Ingiera una cucharadita de la mezcla una hora antes o dos horas después de cada comida. Si tiene problemas para digerir las semillas, beba 1/2 cucharadita de aceite de sésamo con tres o cuatro uvas pasas tres veces al día.
3. Beba mucho té de raíz de jengibre. Para prepararlo, disuelva una cucharadita de jengibre fresco rallado en cuatro tazas de agua hirviendo y bébalo a sorbos a lo largo de todo el día. Si ha de salir de casa, poner la infusión en un termo le resultará muy práctico. Trate de beber al menos un litro al día.
4. La noche del cuarto día practíquese un masaje con aceite (véanse las páginas 64-65) y sumérjase en una bañera de agua caliente.
5. Hacia las 10 de la noche, tome una cucharada de yogur con una dosis de extracto normalizado de sen. La mayoría de la gente logra regular su función intestinal tomando cuatro tabletas antes de dormir. Sentirá los efectos dentro de las siguientes seis a ocho horas.
6. Coma poco al día siguiente y añada de forma gradual los alimentos más complejos a su dieta a partir de entonces.

*Rejuvenecimiento*

El último paso es *llenar el espacio* que antes ocupaba la sustancia tóxica con algo que le nutra. Según nuestra experiencia, la «cosa» más importante para llenar el vacío es la paz, la serenidad y el estado de conciencia derivados de la meditación. Cuando las personas que se han dejado llevar por un hábito nocivo comienzan a meditar, muchas veces pierden de un modo espontáneo la necesidad de la experiencia tóxica. Si una persona que ha dejado un hábito tóxico se queja de haber reincidido, nuestra primera pregunta es: «¿Continúa meditando?» La respuesta siempre es negativa, muchas veces porque su vida se ha tornado tan dinámica que el tiempo para la meditación ha quedado relegado a un segundo plano.

Un componente esencial para librarse de los hábitos nocivos es acceder con regularidad al estado expandido de conciencia a través de la meditación.

Otras pautas que usted puede seguir para llenar el espacio que antes ocupaba el hábito son iniciar un programa de ejercicios, tomar clases sobre algún tema de su interés y dedicarse a mejorar sus relaciones.

Es triste ver con cuánta frecuencia un comportamiento tóxico que compensa una falta de amor en realidad limita las posibilidades de encontrar el amor verdadero. Algo muy útil es vincularse a los grupos de apoyo de personas que han pasado o están pasando por la misma transformación que usted busca. Rodéese de personas que le apoyen en sus decisiones sanas y trate de no exponerse a quienes querrían potenciar sus propios hábitos tóxicos echando por tierra sus esfuerzos por cambiar de vida.

---

*La capacidad de renovación se aviva*
*cuando se eliminan las toxinas.*

---

## *El agua: elemento purificador de la naturaleza*

Una técnica de purificación sencilla pero poderosa consiste en aumentar el consumo de agua. El cuerpo humano está constituido por tres cuartas partes de agua y la mayoría de las reacciones bioquímicas operan mejor dentro de un margen estrecho de concentración. Estudios científicos han revelado que nuestra sensibilidad a la sed disminuye con la edad, de manera que corremos el riesgo de desarrollar niveles sutiles de deshidratación de los que no nos percatamos de forma consciente. La mayoría de las personas no bebe suficiente agua, con lo que desarrollan toda una serie de síntomas. Los dolores de cabeza, el estreñimiento, la piel seca, la fatiga y la indigestión pueden ser manifestaciones de una deshidratación leve. Algunos médicos han llegado a sugerir que muchos problemas comunes de salud como la hipertensión, el asma y el dolor crónico tienen su origen en la deshidratación.

Suponiendo que no tiene problemas renales o hepáticos, le recomendamos adquirir el hábito de beber agua a lo largo de todo el día. Puede calcular el número de litros recomendados al día dividiendo por dos su peso en kilos.

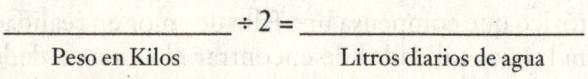

_____ ÷ 2 = _____
Peso en Kilos             Litros diarios de agua

Por ejemplo, si usted pesa 75 kilos, debe consumir unos 2,5 litros o 10 vasos de agua al día. Las bebidas gaseosas, el té y el café no cuentan, puesto que su contenido de cafeína tiene un efecto diurético. Asimismo, el alcohol produce pérdida de agua y no contribuye a la rehidratación. Si usted practica deporte, toma diuréticos o vive en un clima cálido y seco, aumente su ingesta diaria entre un 10 y un 15%. Prefiera las frutas y las verduras ricas en agua como el melón, los pomelos, los melocotones, la sandía, los espárragos, los pimientos, las zanahorias y las setas.

Reduzca al mínimo el consumo de bebidas con edulcorantes sintéticos. Cuando esté consumiendo el agua suficiente, sentirá la necesidad de vaciar la vejiga cada dos horas, más o menos.

Muchas personas que siguen esta rutina del agua aseguran que pierden con más facilidad los kilos sobrantes, tienen más energía y sufren menos molestias y dolores crónicos. Beber mucha agua pura y fresca es una de las formas más sencillas y económicas de revertir el proceso de envejecimiento.

*Elimine los alimentos tóxicos*

Los alimentos frescos y preparados con esmero tienen un nivel elevado de *prana* o energía vital. Los alimentos almacenados durante meses en una lata no ofrecen mayor probabilidad de nutrir el cuerpo, la mente y el espíritu. Si vive en una casa con jardín, haga un pequeño huerto en él y cultive hierbas y especias frescas para realzar el sabor de sus comidas. Compre los alimentos en los mercados surtidos por los agricultores y destine tiempo para preparar comidas deliciosas, aplicando los principios mencionados en el capítulo 3. Si usted consume sobre todo alimentos congelados, envasados, listos para el horno de microondas o altamente procesados, modifique sus prioridades de tiempo a fin de que la buena nutrición pase a ocupar un lugar de mayor relevancia en su lista. Convierta la preparación de las comidas en una experiencia familiar o comunitaria a fin de disfrutar con el proceso tanto como con el producto.

Cada vez existen mayores evidencias de que los plaguicidas y los fertilizantes artificiales empleados en la agricultura moderna merman nuestra salud. Estos agentes químicos sintéticos están impregnando el aire y las fuentes de agua, y se considera que podrían ser factores que contribuyesen al desarrollo de varias formas de cáncer, en especial del sistema reproductivo.

Los estudios han demostrado que es preciso lavar con sumo cuidado las verduras y las frutas para eliminar los residuos de plaguicidas. Por esa razón, le instamos a que opte por consumir alimentos cultivados de manera orgánica. Aunque son más caros, podrá estar seguro de que usted y su familia no están ingiriendo toxinas innecesarias junto con las comidas. De esta forma también estará colaborando en la reducción de la acumulación de toxinas en nuestro medio ambiente.

*Libere las emociones tóxicas*

Si bien todos somos conscientes de los efectos negativos de las sustancias y los alimentos tóxicos en la salud, las emociones tóxicas suelen ser los aceleradores más nocivos del proceso de envejecimiento. Cada vez que usted se permite albergar sentimientos de resentimiento, hostilidad, remordimiento o aflicción, su vitalidad sufre. Ponga en práctica esta sencilla técnica:

- Busque un lugar tranquilo, siéntese cómodamente y cierre los ojos.
- Calme la mente mientras lleva a cabo la meditación con los sonidos *so jam* durante unos minutos.
- Después de un rato, concéntrese en su cuerpo y trate de detectar los puntos de tensión o resistencia. Si identifica un punto congestionado, formule la intención de desbloquearlo.
- Dirija su atención al corazón y reconozca todas las cosas por las que se siente agradecido.
- Ahora, escuche su corazón y pregúntese: «¿Qué llevo conmigo de mi pasado que ya no me sirve en el presente?»

- Si identifica algún peso en su corazón, comprométase a deshacerse de él al instante. Libérese de los resentimientos, los reproches o los remordimientos que pueda albergar.
- Mientras tanto, trate de identificar el regalo que se ocultaba en estas emociones tóxicas. Por ejemplo, si sufría a causa del comportamiento de alguien, el regalo podría ser haber aprendido a tener más confianza en sí mismo.
- Establezca el compromiso de reconocer regularmente su gratitud y de dejar ir todos los reproches de su corazón.

Un corazón agobiado por las emociones tóxicas le impide experimentar la magia, el misterio y la dicha de su momento presente. Comprométase a desechar los resentimientos, los remordimientos y los reproches que le producen más daño a usted mismo que a cualquier otra persona.

El proceso de liberar las toxinas emocionales es parecido al de liberar las toxinas físicas. Primero debe tener la intención de querer reemplazar las emociones que le restan vida por otras que revitalicen. El hecho de metabolizar los remordimientos y resentimientos para transformarlos en compasión y perdón puede despertar su cuerpo, su mente y su espíritu a la energía vital primordial, de una manera maravillosa.

Escriba la historia de cómo se desarrolló la emoción tóxica, describiendo los sucesos y también lo que usted siente a causa de esa situación. Los estudios demuestran que llevar un diario sobre las experiencias emocionales perturbadoras sirve para mejorar la función inmunológica y también para ver las cosas con claridad y sabiduría. En su libro *Nonviolent Communication*, el psicólogo Marshall Rosenberg enseña un vocabulario emocional para evitar la victimización. Huya de palabras como abandono, abuso, olvido, maltrato; describa los sentimientos reales de ira, tristeza, soledad y temor a los que dio lugar la circunstancia.

Cuando haya escrito acerca de las circunstancias que dieron lugar a las emociones tóxicas, practique algún ritual físico con la intención de dejar ir esos sentimientos que se han apoderado de su alma. Respire profundamente, hágase un masaje, golpee una almohada, abandónese al baile o salga a correr hasta que su cuerpo haya liberado la tensión acumulada con la emoción. Después, abra su corazón a sentimientos generadores de emociones que reviertan el envejecimiento como el perdón, la armonía, la risa y el amor, en lugar de generar entropía mediante sentimientos de angustia, resentimiento, remordimiento y desesperación.

---

*Las emociones tóxicas suelen ser los factores más nocivos*
*en la aceleración del proceso de envejecimiento.*
*Comprométase a expulsarlas de su corazón y de su mente.*

---

## Transforme o libere las relaciones tóxicas

En ocasiones podrá verse involucrado en relaciones conflictivas. Aunque disfrute el drama y la pasión que esas relaciones generan, con el tiempo, inevitablemente, harán que se sienta viejo y agotado. Es esencial transformar las relaciones tóxicas en otras que le nutran. Si acepta que la realidad es un acto selectivo de percepción e interpretación, la forma más positiva de transformar una relación es modificar su forma de percibir a la otra persona.

Toda relación es un espejo en el que usted podrá ver algún aspecto de usted mismo. Cuando esté en medio del conflicto, pregúntese: «¿Qué me indica esta situación acerca de mi propia naturaleza?» Ponga en práctica este sencillo ejercicio que le ayudará a revelar el significado oculto de una relación difícil.

Anote cuantos rasgos le sea posible para describir a la persona con quien tiene problemas.

_____    _____

_____    _____

_____    _____

Ahora, revise cada una de las palabras que ha utilizado en la descripción para ver cuáles le provocan una carga emocional. Por ejemplo, pudo haber descrito a su jefe en estos términos:

> *Controlador*     *Discutidor*
> *Necesitado*      *Intransigente*
> *Indiferente*     *Terco*

Al leer de nuevo su lista podrá ver las características que *realmente* lo irritan: controlador, necesitado, indiferente y terco. Ahora, mírese a sí mismo. ¿Serían ésas las mismas palabras que otros utilizarían para describirlo a usted? ¿Tiene la tendencia a reflejar esos rasgos? ¿Ha expresado esas características en el pasado? Muchas veces, los rasgos que más le molestan de las otras personas son los mismos que ha tratado de negar en usted mismo. Cuando acepte con toda honestidad esas cualidades oscuras de su propio corazón, es muy probable que se sienta menos inclinado a juzgar a las demás personas que las manifiestan. Al negarse a juzgar e interpretar, usted podrá abrirse a la posibilidad de ver otros rasgos atractivos de la persona en cuestión que antes se había negado a apreciar.

## *La satisfacción de las necesidades*

Las relaciones prosperan cuando ambas partes sienten que satisfacen sus necesidades y se tambalean cuando no es así, es decir, usted se siente bien cuando satisface sus carencias y se siente mal cuando no lo consigue. Esa insatisfacción puede generar estrés, además de emociones y relaciones tóxicas. Aprender a expresar sus necesidades y emociones de una manera sana le permitirá cultivar las relaciones benéficas y revertir el proceso de envejecimiento.

En la infancia, esperamos que quienes cuidan de nosotros satisfagan nuestras necesidades. Lloramos unas cuantas veces y sabemos que mamá tratará de determinar si tenemos hambre o frío, o si estamos cansados, aburridos o sólo deseamos que nos cojan en brazos. Estas mismas pretensiones nos acompañan en la edad adulta y nos sentimos heridos, frustrados, airados o deprimidos cuando nuestros amantes, amigos o colegas son incapaces de adivinar de inmediato lo que nos hace falta para dárnoslo. Éste es un sistema condenado al fracaso, de modo que conviene buscar una forma más eficaz de expresar nuestras necesidades y emociones.

## *El diálogo de las necesidades*

Abraham Maslow, psicólogo humanista, describió cinco grupos de necesidades básicas que mueven a todo ser humano. En primer lugar están las necesidades fisiológicas básicas como el hambre, la sed y la protección frente a los rigores climatológicos. Una vez satisfechas éstas, nos sentimos motivados por la necesidad de estar seguros y a salvo. Todos deseamos estar protegidos frente al daño físico y emocional. El tercer grupo de necesidades es de carácter social: la comunidad, la amistad, el amor y la pertenencia. A medida que cubrimos estas carencias, nos vemos impelidos a favorecer nuestro amor propio y es entonces cuando buscamos realización, respeto, reconocimiento y posición. En último lugar tratamos de encontrarle el significado, la belleza y la sabiduría a la vida. Maslow dio a esta última etapa el nombre de autorrealización, que corresponde al estado de iluminación en las tradiciones orientales.

Las personas realizadas son agradables, espontáneas, naturales y sencillas, su vida está llena de sentido y creatividad, siempre se sienten felices, tanto a solas como en una relación personal íntima, tienen un espíritu jovial y se ríen con facilidad, y saben cómo satisfacer sus necesidades.

En su libro *Nonviolent Communication*, Marshall Rosenberg describe un proceso sencillo para aumentar la probabilidad de satisfacer las necesidades. Cada vez que se sienta insatisfecho y molesto, pregúntese: «¿Qué estoy observando?» En lugar de decirle a la otra persona: «Siempre llegas tarde a todas las citas», coméntele: «Acordamos encontrarnos a las 12 y has llegado a las 12.30.» No sea crítico al hacer sus observaciones, a fin de reducir las posibilidades de desencadenar una actitud defensiva.

El segundo paso consiste en identificar sus sentimientos. Desarrolle un vocabulario emocional amplio que no lo convierta en víctima. Evite las palabras que exijan la presencia de otra persona para que usted experimente esas emociones: ignorado, rechazado, desatendido, abandonado o insultado. Usted mantiene el poder cuando utiliza palabras como alarmado, disgustado, agotado, temoroso, solo, iracundo o triste, pero lo pierde cuando emplea el vocabulario de la víctima.

El tercer paso es concretar qué necesita de la situación. Si usted no sabe con exactitud qué le hace falta, es poco probable que la otra persona lo sepa.

El cuarto paso consiste en formular una demanda concreta. Pida lo que necesita con tanta precisión como le sea posible. En lugar de exigir: «¡Tendrás que pasar más tiempo conmigo o de lo contrario...!», reformule la frase en forma de petición: «¿Puedes llegar a casa una hora antes el miércoles para que podamos salir a pasear juntos?» Es mucho más probable obtener una respuesta positiva ante una petición que ante una orden.

Nosotros quisiéramos agregar un quinto paso a los cuatro originales del doctor Rosenberg. Tanto si los demás atienden su solicitud como si no, pregúntese siempre cuál es el regalo que encierra para usted la situación. ¿Qué puedo aprender de esta circunstancia sobre mí y sobre la vida? ¿Cuál es la lección que me conducirá a un plano superior de conciencia? Encuentre el regalo a través de estas preguntas, aunque no sea el que en principio esperaba.

Comprométase con comunicar sus necesidades de forma consciente y así desperdiciará mucha menos energía en el conflicto. Reconozca en sus diferencias un motivo de regocijo en lugar de empeñarse en demostrar que la otra persona está equivocada. Hemos dedicado todo un paso completo en el capítulo 10 al proceso de cultivar las relaciones de amor porque consideramos que es un componente fundamental para revertir el proceso de envejecimiento.

---

*Reconozca en sus diferencias un motivo de regocijo.*

---

## Libérese del trabajo tóxico

La mayoría de las personas pasa la mayor parte de la vida en el trabajo. Por consiguiente, lo ideal es que hagamos de éste una ocasión para expresar creatividad, interactuar de manera intensa con los colegas y obtener la seguridad material que todos anhelamos. Por desgracia, muchos encuentran en su trabajo una fuente de tensión en lugar de realización, de manera que aceleran su envejecimiento en vez de revertirlo.

El mundo sería mejor si todos pudiéramos realizar aquello que nos hace felices y, al mismo tiempo, expresar nuestros talentos particulares para servir a los demás y a nosotros mismos. En el *Ayurveda* se llama a esto vivir en estado de *dharma* o de realización de nuestro propósito en la vida. Aunque usted no pueda ganarse la vida haciendo lo que más le gusta, trate de aportar algo de vida a su lugar de trabajo.

- Relaciónese de una manera más franca con sus compañeros de trabajo para que el ambiente sea más sano en el plano emocional.
- Observe su entorno y trate de mejorar lo que oye, lo que ve o lo que huele a su alrededor.
- Busque oportunidades para armonizar su trabajo con sus valores, necesidades y creencias.

La vida es preciosa y usted tiene el derecho de realizar un trabajo que tenga significado. Una prueba para saber si está en su *dharma* es tomar nota de cuántas veces mira el reloj. Si su diálogo interior le indica que el tiempo pasa muy despacio y no ve la hora de salir del trabajo, es fácil que se encuentre en una posición en la cual no puede expresar plenamente su propósito en la vida. Por otra parte, si siente que el tiempo vuela, es buena señal de que su trabajo es del tipo que le puede ayudar a rejuvenecer. Atienda a las señales de su cuerpo y de su mente, y comprométase a fomentar la realización tanto para usted como para quienes le rodean.

# Revierta la apariencia de envejecimiento

El campo de energía, información e inteligencia conocido comúnmente como la piel es el órgano más grande y adaptable del cuerpo. Dado que es la barrera que separa su mundo interior del exterior, la piel protege sus tejidos, sus células y sus moléculas del ataque de los microorganismos, las temperaturas extremas, la radiación ultravioleta e infrarroja y los contaminantes químicos presentes en el entorno. Controla en todo momento los estímulos del ambiente a través de sus innumerables receptores del tacto, la temperatura y el dolor, y envía esa información a su cerebro minuto a minuto. Su piel, suave y flexible, tiene la capacidad notable de diferenciarse en largos cabellos o en uñas resistentes con sólo reorganizar sus moléculas de colágeno. En ella se activa la vitamina D, crucial para mantener unos huesos fuertes. Contiene glándulas sudoríparas, glándulas de grasa, células grasas, fibras nerviosas, células inmunes y kilómetros de vasos sanguíneos. Además, resulta esencial para regular la temperatura corporal y la hidratación. Es, literalmente, el rostro que usted le presenta al mundo.

Si aplica unos principios básicos de protección de la piel podrá revertir la apariencia de envejecimiento. En este sentido los tres pasos esenciales son:

1. Purificar.
2. Revitalizar.
3. Nutrir.

*Purificar*

Su piel refleja la pureza de todo su cuerpo. Los principios de una alimentación sana, la suplementación nutricional y la desintoxicación redundan en la calidad de su piel. Además de optar por un estilo de vida sano en todo sentido, usted debe limpiar su piel con sumo cuidado una o dos veces al día para eliminar las toxinas que tapan los poros y predisponen a la infección.

En general, es mejor evitar los jabones que contienen detergentes fuertes y preferir los limpiadores naturales. El *Ayurveda* recomienda utilizar extractos naturales para eliminar las toxinas y el exceso de grasa y restablecer a la vez el equilibrio ácido básico. Una fórmula fácil de preparar en casa consiste en mezclar a partes iguales harina de garbanzos secos, leche en polvo, nuez moscada, cáscara de limón y semillas de cilantro molidas. Haga una pasta con media cucharadita de agua y aplíquela en el rostro húmedo. Cuando comience a secarse, retírelo con agua.

Si desea experimentar con hierbas ayurvédicas tradicionales para la limpieza, emplee polvo de nim, de manjista o de madera de sándalo. Un principio fundamental con respecto a los productos de limpieza es no emplear en la piel nada que usted no quisiera ofrecerle a su estómago.

Los tratamientos con vapor y hierbas también ayudan a abrir los poros tapados y a liberar las toxinas cutáneas: le recomendamos que realice uno cada semana, agregando al agua unas cuantas gotas de aceite esencial. La lavanda, el romero, la bergamota, el enebro y la salvia tienen un efecto purificador para el cuerpo.

## *Revitalizar*

El segundo paso para revertir la apariencia de envejecimiento de la piel es la revitalización. El tono y el aspecto de la dermis mejoran si se estimulan las fibras de colágeno que forman su estructura. Muchos productos modernos para el cuidado de la piel contienen ácidos naturales que activan las células productoras de colágeno.

Entre estos ácidos se cuentan el glicólico, el azelaico y el láctico. Cuando las concentraciones de estos ácidos son elevadas producen un efecto exfoliante, razón por la cual es preferible utilizar esos productos bajo la supervisión de un especialista en el cuidado de la piel.

Usted puede hacerse en casa su propio tratamiento revitalizante utilizando productos naturales.

El yogur, el zumo de limón y el de pomelo tienen un efecto estimulante leve. Aplique el yogur fresco cada día sobre su piel y déjelo actuar durante cinco minutos antes de retirarlo con agua. Diluya partes iguales de zumo de limón o de pomelo con aloe vera y aplique la mezcla sobre la piel; déjela actuar durante dos minutos antes de enjuagar. Si tiene la piel grasa, hágalo a diario. Si la tiene seca o sensible, diluya un poco más la solución y utilícela cada dos o tres días.

## *Nutrir*

Después de limpiar y revitalizar, es necesario nutrir la piel. Agregue unas cuantas gotas de un aceite esencial de flores o de hierbas a una base de aceite esencial vegetal o de nuez. Prepare una mezcla de aceite de almendra, jojoba, aguacate o girasol con aceite esencial de rosa, lavanda, sándalo, jazmín, geranio o limón. Aplique una pequeña cantidad para que se absorba de forma natural y, si tiene la piel seca, emplee un poco más.

## *Protección contra el sol*

Utilice siempre un protector solar cuando se encuentre al aire libre. La radiación ultravioleta daña el colágeno, produce arrugas y cáncer de piel. La prevención es mejor que la curación, de manera que no obvie los efectos nocivos que puede tener el sol en su piel, sobre todo si vive en climas cálidos o a mucha altura sobre el nivel del mar. Enseñe a sus hijos a usar filtros solares para evitarles innecesarios problemas más adelante.

*Todos los días, en todas las formas, aumento mi capacidad mental y física.*
*Mi biostato está graduado en una edad saludable de _____ años.*
*Me veo y me siento como una persona sana de _____años.*

*Revierto mi edad biológica:*

- *Al modificar, la percepción que tengo de mi cuerpo, su envejecimiento y el tiempo.*
- *Mediante dos formas de descanso profundo: reposo consciente y sueño reparador.*
- *Nutriendo mi cuerpo a través de una alimentación sana.*
- *Al utilizar sabiamente los complementos nutricionales.*
- *Si mejoro la integración entre mi mente y mi cuerpo.*
- *Mediante el ejercicio.*
- *También, eliminando las toxinas de mi vida.*

## 8.º PASO

## Revierta su edad biológica cultivando la flexibilidad y la creatividad en la conciencia

### ACTIVIDAD DIARIA

*Revierto mi edad biológica cultivando la flexibilidad y la creatividad en mi conciencia.*

*La forma de alcanzar la flexibilidad es la siguiente:*

1. *Aprendo a no aferrarme a las cosas cuando éstas no salen como yo deseo.*
2. *Pongo en práctica la sabiduría de la incertidumbre: no permito que me condicionen los resultados y abandono la necesidad de controlar.*
3. *Aprendo a perdonar, dejando atrás los reproches, los resentimientos y los remordimientos.*

*La forma de lograr la creatividad es la que sigue:*

1. *Aprendo los nueve pasos de la respuesta creadora.*
2. *Aplico la respuesta creadora a todas las dificultades y problemas de mi vida.*
3. *Ayudo a los demás a resolver sus problemas mediante la respuesta creadora.*

*El envejecimiento está directamente relacionado con la rigidez y el deterioro. Por el contrario la juventud lo está con la flexibilidad y la creatividad. Tanto la flexibilidad como la creatividad son comportamientos aprendidos. Si cultiva la flexibilidad y la creatividad en la conciencia, usted se renueva a cada momento y revierte su proceso de envejecimiento. Un antiguo aforismo védico dice así: «La flexibilidad y la creatividad infinitas son el secreto de la inmortalidad.»*

Usted podrá revertir su edad biológica si cultiva la flexibilidad y la creatividad en la conciencia. Cuando pensamos en el envejecimiento por lo general lo asociamos a la pérdida de flexibilidad y de creatividad. De hecho, el lenguaje que utilizamos al referirnos al envejecimiento refleja esa forma de pensar. Así, utilizamos expresiones tales como: «Loro viejo no aprende a hablar», o «soy demasiado viejo para cambiar» o «tiene unos hábitos demasiado arraigados». Tanto la ciencia moderna como la tradición védica, atribuyen la pérdida de flexibilidad y de creatividad a la inercia, la entropía y el desarreglo del sistema cuerpo/mente.

De acuerdo con la teoría védica, en el Universo operan tres fuerzas fundamentales: *sattwa*, *rajas* y *tamas*. *Sattwa* es la fuerza de la creatividad, la evolución y la transformación. *Tamas* es la fuerza de la estabilidad, la resistencia y la inercia. *Rajas* es la tensión entre las fuerzas de la creatividad y la inercia. En la infancia y la adolescencia predominan el cambio, la flexibilidad y la creatividad, con una preponderancia natural de *sattwa*. Nuestro cerebro y nuestro comportamiento reflejan la tremenda capacidad del ser humano para expandirse, adoptarse, transformarse y evolucionar, y también la voluntad y el deseo de experimentar y aprender cosas nuevas. En la edad adulta comienza a predominar *rajas* como consecuencia de las tensiones de la vida diaria y nuestro apego a los resultados, en un esfuerzo por demostrar al mundo lo que somos. Conforme vamos envejeciendo, nos preocupamos cada vez más por la seguridad y la estabilidad, de manera que comienza a predominar *tamas*. Esta estabilidad se refleja en nuestros comportamientos y en las conexiones entre las neuronas cerebrales. La estabilidad conduce al estancamiento y éste al deterioro; el deterioro lleva al desorden y la entropía, y finalmente a la muerte.

La muerte es la respuesta del alma a la pérdida de la flexibilidad. Cuando la fisiología pierde la flexibilidad y la creatividad para continuar integrando la energía y la información de las experiencias de la vida, el alma entra en período de incubación. Según la sabiduría védica, cuando el alma necesita digerir las experiencias de una vida, primero las incuba y después da un salto cuántico hacia un contexto y una unidad cuerpo/mente nuevos. En las tradiciones orientales se da el nombre de reencarnación a este proceso, es decir, encarnar en una nueva experiencia de vida.

En lugar de esperar a que la muerte dé el salto cuántico hacia una nueva experiencia de vida, ¿por qué no dar ese salto estando todavía vivos? De esta manera podemos encarnar (literalmente reencarnar) en un ciclo continuo. Para ello es necesario aprender dos patrones de comportamiento básicos y fundamentales; (1) la *flexibilidad*, que se aprende permitiendo el curso natural de las cosas, y (2) la *creatividad*, que implica intención, incubación y encarnación. Si aprende a incorporar la flexibilidad y la creatividad como parte del patrón de comportamiento, usted será capaz de dominar todo aquello para lo cual la mayoría de la gente debe morir, a saber: encarnar y crear una nueva unidad cuerpo/mente.

---

*Si cultiva la flexibilidad y la creatividad*
*en la conciencia usted se renovará a cada momento*
*e invertirá el proceso de envejecimiento.*

---

## Flexibilidad

La esencia de la flexibilidad es la voluntad de permitir el devenir natural de las cosas. Algunas de las preguntas que suelen hacérseles a las personas más longevas es decir, a aquellas que han vivido al menos cien años, son las siguientes: «¿A qué atribuye usted disfrutar de una vida tan larga y sana? ¿La alimentación ha sido determinante? ¿Ha hecho ejercicio todos estos años? ¿Ha evitado el tabaco? ¿Consume alcohol?» El objetivo de estas preguntas es, por supuesto, identificar unos principios comunes que nos permitan a todos tener una vida más larga y sana. Pero lo sorprendente es que ninguna de estas preguntas revela bien a las claras el secreto de la longevidad. La explicación más común que ofrece la mayoría de nuestros ciudadanos centenarios es su *capacidad para no aferrarse a las cosas*.

Las personas longevas son flexibles y saben afrontar los inevitables desafíos de la vida. Quienes alcanzan a vivir cien años a buen seguro han debido de experimentar dificultades y pérdidas y, no obstante, esos *superancianos* han podido superar la adversidad y continuar con la vida. Renuncian a aferrarse a las experiencias que no los ayudan. Se zafan de ellas y siguen adelante.

Desde el punto de vista ayurvédico, esta capacidad de manejar los sucesos sin sufrir el daño residual es la manifestación de una gran fuerza digestiva conocida en sánscrito como *agni*. La expresión «fuerza digestiva» se refiere no sólo a la capacidad de digerir los alimentos sino a la de digerir también todas las experiencias de la vida. *Agni* es la raíz de la palabra ignición, en referencia al poder del fuego para metabolizar las cosas. Cuando su fuerza digestiva es poderosa, usted puede extraer el alimento que necesita de cualquier experiencia y eliminar todo lo que no le sirve. Un *agni* fuerte le permite digerir lo que la vida le presenta sin cargar con los residuos que le impiden aceptarla plenamente. Una fuerza digestiva vigorosa es uno de los rasgos esenciales de las personas que viven una vida larga y rebosante de energía.

Ha de aprender a dejar ir las cosas porque la vida es un proceso continuo de cambio y transformación. Tratar de frenar el cambio aferrándose a él equivale a luchar contra la fuerza natural de la evolución. En última instancia, la naturaleza se saldrá con la suya y la lucha que usted mantenga contra el río de la vida le pasará factura a su propia fisiología. El desgaste que esa resistencia genera acelera el envejecimiento, de forma que si desea revertir el proceso debe de aceptar el cambio.

Aprender a permitir el devenir natural de las cosas no significa renunciar a sus intenciones. Tanto éstas como sus deseos marcan el rumbo de su vida y catalizan las experiencias que necesita para evolucionar hacia niveles más elevados de la conciencia. Ser flexible no implica abandonar las intenciones. Sin embargo, sí implica desapegarse de un determinado resultado. Usted no puede controlar el resultado de una situación, además, cuando se aferra testarudamente a su idea de cómo deben ser las cosas, genera esfuerzo, tensión y envejecimiento. Siempre que sienta que no obtiene el resultado que usted esperaba, recuerde esta expresión que le escuchamos a un líder espiritual:

---

*Cuando las cosas parecen no salir como lo deseo,*
*renuncio a pretender obtener el resultado que espero,*
*seguro de no estar viendo el todo. Si pudiera ver el todo,*
*comprendería que hay una razón por la cual las cosas*
*se desenvuelven de cierta manera y que el Cosmos*
*tiene para mí un plan mucho más grande que cualquier otro*
*que yo pudiera concebir.*

---

No aferrarse a nada y desapegarse del resultado es la esencia del verdadero poder y es la única posibilidad de hallar la seguridad. El desapego frente a determinado resultado es producto de la confianza en la inteligencia del Universo y la certeza de estar conectados con ella. Implica la voluntad de entrar en el ámbito de lo desconocido, el campo de todas las posibilidades. Ése es el significado verdadero de la flexibilidad. Apegarse a lo conocido es aferrarse al pasado. El pasado es estabilidad y es inercia. El pasado es entropía y estancamiento. El apego a lo conocido y, por ende, al pasado, acelera el envejecimiento.

La mayoría de las personas se pasa la vida entera buscando seguridad a través de los propios apegos, que, por lo general, giran alrededor de las posiciones y las posesiones. Puesto que estos apegos rara vez conllevan verdadera seguridad o felicidad, la gente piensa que la solución está en conseguir mejores posiciones o mayores posesiones. La conversación interior discurre más o menos así: «Si tuviera más dinero... si consiguiera un trabajo mejor... si hubiera más pasión en mi relación... entonces sería feliz y me sentiría seguro.» El dinero, la posición, las posesiones y los títulos son símbolos de seguridad pero, como tales, no reemplazan a la verdadera seguridad, la cual sólo emana del interior.

Es realmente paradójico que para encontrar la seguridad auténtica y duradera sea preciso rendirse a la sabiduría de la incertidumbre. Implica cultivar una actitud interior de curiosidad y aceptación, desapegarse de un determinado resultado y reconocer que sea cual fuere éste, será el más favorable para la evolución personal en ese momento concreto. Este estado de flexibilidad, que permite acogerse a lo desconocido y desprenderse de un resultado particular, revierte el proceso de envejecimiento.

*Usted podrá revertir el envejecimiento
al abandonar la resistencia y acogerse al cambio.*

## Conciencia del momento presente

Los budistas afirman: «A nada debo aferrarme por considerarlo mío o parte de mí.» Nada de aquello con lo que usted se identifica puede considerarlo suyo de verdad. Aunque piense que el vehículo físico en el cual habita es su cuerpo, a estas alturas ya sabe que cada átomo que lo compone es un préstamo transitorio de su entorno. Dentro de un año, casi todos los átomos que hoy considera suyos habrán dejado de estar dentro de los límites de su piel. Tampoco sus pensamientos son suyos en realidad: son parte de la mente colectiva. Hace cien años le hubiera sido imposible pensar, por ejemplo, que iría a Las Vegas a bordo de un avión 747, porque esos conceptos todavía eran ajenos a la mente colectiva. De igual manera sus emociones no son suyas. Cuanto ha sentido a lo largo de su vida, esto es, dicha, desesperación, alegría, frustración, éxtasis, celos, etc., lo han experimentado también todos los seres humanos, desde el principio. Ni una sola molécula, ni un solo pensamiento, ni una sola emoción que haya tenido es exclusivamente suyo. Usted es parte de un esquema mayor y está entretejido a partir de unos cuantos hilos en la red cósmica infinita de energía, transformación e inteligencia.

«A nada debo aferrarme por considerarlo mío o parte de mí.» Implícito en este precepto está el reconocimiento de que toda tensión es producto de la codicia o de la aversión. Cuando usted se aferra a algo, trátese de un objeto material, una posición o una relación, limita la conciencia y acelera el envejecimiento, y esto es así porque, en un plano sutil, todo apego viene acompañado de miedo: miedo a perder, miedo a no tener el control, miedo a no gozar de aprobación. Cuando evoca el miedo pone en movimiento la fisiología del estrés que acelera el envejecimiento biológico. Así, se hace preciso desechar el miedo para revertir el envejecimiento.

La mente se inclina siempre hacia aquello de lo cual usted espera placer y se aparta de cuanto podría traerle sufrimiento. El resultado de esta tendencia, de esta inclinación, es que no puede permanecer en el momento presente.

Cuando se encuentre fuera del presente, pregúntese: «¿Qué hay de malo con este momento?» Verá que sólo caben dos posibilidades: o bien que se resiste a aceptarlo o bien que, sencillamente, no está en él. Si está ofreciendo resistencia, entréguese conscientemente al aquí y al ahora. Si lo que ocurre es que no se halla en el presente, regrese sin brusquedad a él y abra su ser a las posibilidades infinitas que le ofrece el momento que vive.

Usted logrará cultivar la conciencia del momento presente cuando practique la observación consciente, es decir, cuando traspase su atención del objeto observado al testigo silencioso y siempre presente de esa observación. Vuelva a su ser en medio de la observación.

Sus observaciones cambian a cada momento. Por tanto, si usted se identifica con aquello que observa, su identidad no será permanente, pues ésta es algo que usted fabrica una y otra vez. Cuando usted se identifica con los objetos que percibe, que cambian sin cesar, usted sacrifica su verdadero yo en aras de los objetos de la imagen que tiene de sí mismo. Si usted se identifica como el presidente de una compañía, como el dueño de un automóvil de lujo, como representante de un artista o músico, el sentido de su existencia dependerá de una fuente ajena a usted. Esto es lo que se ha dado en llamar «poder de agencia» porque se deriva del apego a un agente externo, como una organización, una cuenta bancaria o una relación. El problema con este poder de agencia es que cuando termina el apego también terminan el poder y el sentido.

Lo contrario del poder de agencia es el poder propio, que emana de la conexión interior con el espíritu. Implícito en todas sus observaciones y experiencias de la vida, en cada uno de sus apegos a las personas, las situaciones y las circunstancias, existe un plano de conciencia siempre presente donde está el testigo silencioso. Ese testigo es su verdadero yo; es su espíritu.

Cuando usted observa desde la conciencia, traslada la atención de las metas a los procesos y se torna del todo flexible, no siente apego alguno por los resultados y usted se siente a gusto en ese ámbito de incertidumbre. Cuando el espíritu es su punto interno de referencia, usted ni se anticipa ni se resiste, sencillamente permite. Si sigue una ruta determinada es con la intención de llegar a un destino en particular; sin embargo, si se le presentan por el camino otras oportunidades interesantes, ha de tener flexibilidad interior para dejarse llevar. Este proceso puede resumirse en una sola frase: «Hay que tomar las cosas como vengan.» Entonces, el proceso se convierte en la meta.

Siempre que descubra que está aferrándose o retrocediendo, anticipándose o resistiéndose, traspase su atención al testigo, pues ese proceso simple de volver al ser lo llevará de regreso al presente. El presente es la puerta hacia el campo de las posibilidades infinitas y está caracterizado por la flexibilidad sin límites. Vivir en la conciencia del momento presente contribuye a revertir el proceso de envejecimiento.

---

*Cuando usted evoca el miedo, pone en movimiento la fisiología del estrés y acelera el envejecimiento. Por tanto, para revertir este proceso ha de despojarse de los temores.*

---

## Perdón

Eknath Easwanan, gran erudito védico, cuenta una historia conmovedora. Al final de la vida de cada persona, su alma pasa a un plano de existencia en el que se repasan todas sus existencias anteriores. Así podría decirse que el alma entra en un cine en donde se proyecta la película de la vida más reciente y comienza a verla pero, a veces, debe cerrar los ojos a causa de algunas escenas muy incómodas. Los pecados por omisión y los pecados por comisión encogen el corazón y algunos pasajes se vuelven demasiado dolorosos. Puesto que resulta entonces imposible visionar la película completa, el alma se pierde algunas lecciones importantes y se ve en la necesidad de reencarnar para aprenderlas en la vida siguiente.

De acuerdo con esta historia, la razón principal que impide contemplar las escenas dolorosas de la vida es la falta de perdón, para los demás y para nosotros mismos. El perdón es la esencia de la actitud de no aferrarse. Significa renunciar a los apegos del pasado y barrer los obstáculos que oprimen el corazón y que son la fuente de la inercia, la entropía y el envejecimiento. Deshágase de ellos para rejuvenecer. Ponga en práctica este sencillo ejercicio:

Cierre los ojos, lleve su atención al corazón y averigüe si alberga en él algún rencor, hostilidad, resentimiento o remordimiento. Si algo le viene a la mente, pregúntese qué pudo haber causado ese bloqueo en su corazón. Luego, trate de saber qué habría de suceder para que usted liberase esas toxinas. Busque el regalo que toda experiencia de la vida le ofrece, aunque ésta sea dolorosa, y exprese su gratitud por haberla vivido.

Recuerde esta bella expresión de *Un curso de milagros* y haga referencia a ella con frecuencia: «Cada una de mis decisiones supone escoger entre un lamento y un milagro.»

Lo instamos a que elija el milagro. Cuando las cosas no salgan como usted espera, puede autocompadecerse, quejarse y renegar de lo injusta que es la vida. Puede lamentarse por no obtener lo que desea, sentirse desgraciado y hacer desgraciados a quienes le rodean. O puede ver la situación como otra oportunidad para entregarse, para ser flexible y para crecer. Los lamentos, las hostilidades, los resentimientos y los remordimientos se convierten en heridas emocionales abiertas que aceleran el envejecimiento. Perdone y olvide para revertir el proceso de envejecimiento.

*Romper los patrones habituales*

Es fácil quedar atrapado en patrones habituales que no hacen bien y causan inflexibilidad. Por consiguiente, resulta muy útil cultivar la flexibilidad de manera consciente, renunciando a las cosas y creando patrones nuevos de pensamiento y comportamiento. La práctica de la flexibilidad genera flexibilidad en el sistema nervioso central pues obliga a las neuronas a establecer nuevas asociaciones. Tanto sus neuronas como las decisiones que toma en cada momento están en un ciclo continuo de retroalimentación. Ante su disposición para probar cosas nuevas, sus redes neuronales se hacen más flexibles y se abren a las percepciones, las interpretaciones y las opciones novedosas, lo que favorece, a su vez, la formación de nuevas conexiones entre las neuronas.

A continuación le ofrecemos unas cuantas sugerencias para que rompa los patrones habituales de comportamiento. Póngalas en práctica durante una semana y observe lo que les sucede a su cuerpo y a su mente.

- Modifique su dieta
- Cambie su programa de ejercicio
- Sustituya su ruta para ir al trabajo
- Varíe la hora de irse a dormir

- Medite durante más tiempo
- Compre ropa diferente
- Utilice colores distintos
- Oiga otros tipos de música
- Olvídese del reloj
- Póngase el reloj en la otra mano
- Salga a almorzar con otras personas, al margen de las habituales
- Pruebe un restaurante nuevo
- Cambie de opinión sobre algo o alguien
- Llame a un amigo con quien hace años no habla
- Conteste al teléfono de una forma diferente
- Cambie su mensaje del contestador
- Lea un libro que no escogería en circunstancias normales
- Vea un programa de televisión que no suele ver
- Escuche otra emisora de radio
- Inscríbase en un curso nuevo

Libérese de los hábitos de siempre y se sentirá renovado. Aprender a ser flexible significa aprender a tener acceso al plano más dúctil de su ser, ese campo de conciencia eterna que subyace a su mente y a su cuerpo, y que de hecho es el terreno propicio para rejuvenecer. Sumérjase a diario en ese mar de flexibilidad infinita a través de la meditación. Tenga la intención consciente de pensar y actuar con flexibilidad. Ponga en práctica la actitud de dejar ir las cosas cuando reconozca que aferrarse ya no le sirve de nada.

## Creatividad

Una vez cultivada la flexibilidad estará listo para la creatividad. Esta última no puede existir sin la primera. Según Amit Goswami, autor de *Quantum Creativity*, la creatividad es un salto cuántico que no obedece a continuidad o algoritmo alguno y nos lleva de un patrón de pensamiento a otro nuevo por completo. Es un salto cuántico —un cambio de paradigma— de un patrón a otro sin pasar por grados intermedios. Los grandes avances creativos en el arte, la música, la arquitectura o la ciencia representan nuevos saltos de la imaginación que los patrones existentes no hacían prever. Cuando se da el salto creador, trátese de la teoría de la relatividad de Einstein, del cubismo de Picasso o de la música de los Beatles, el mundo cambia para siempre.

Usted es, por naturaleza, un ser creador, aunque no se considere como tal. De niño, tenía una imaginación prolífica, que es la fuente de toda creatividad. Su flexibilidad juvenil y su conciencia del momento presente le permitían percibir cosas nuevas e interpretarlas de manera diferente a todas horas. Podía crear mundos enteros con su imaginación, ya fuera mientras construía castillos de arena en la playa o cuando jugaba con su familia de muñecas imaginaria. Hoy, el simple hecho de que esté vivo prueba su creatividad, puesto que usted contribuye a crear su realidad en cada instante, ya que da origen a una nueva unidad cuerpo/mente con cada impulso de experiencia y con cada respiración. Aprenda a despertar de nuevo su respuesta creadora para recuperar la energía y el entusiasmo de la juventud. Además de ayudarle a rejuvenecer, el proceso creador le será útil para la salud, las relaciones, las artes y los negocios.

*El salto del creador*

La creatividad es el proceso de tomar la energía, la información y el material del Universo en su forma primordial y transformarlos en algo que no existía antes. Tanto si crea una obra de arte original o una nueva pieza de música, como un programa informático exclusivo o una respuesta curativa a una enfermedad, para que haya creatividad se necesita un salto de conciencia. Mejorar algo que ya existe es innovar. La creatividad es dar vida a algo que nunca antes ha existido.

La respuesta creadora consta de nueve pasos fundamentales. Tome conciencia de esos pasos y póngalos en práctica siempre que se encuentre ante un problema o un desafío en su vida. Su potencial creador es ilimitado y puede utilizarlo para resolver cualquier dificultad que haya de afrontar.

*Resultado esperado*

El primer paso de la respuesta creadora consiste en tener claro cuál es para usted el *resultado esperado*. Si no sabe con exactitud qué es lo que desea, lo más probable es que no satisfaga sus necesidades. Enuncie el resultado esperado en términos positivos: «Tengo un cuerpo sano lleno de energía.» «Mis relaciones íntimas rebosan amor y cariño.» Evite definir sus intenciones en términos de lo que no desea. Así, en lugar de expresar: «Quiero dejar este trabajo horrible», enuncie su intención de este otro modo: «Tengo un trabajo que me permite expresar todo mi potencial.»

Escriba sus intenciones y repáselas con frecuencia para asegurarse de que correspondan a sus deseos en cada momento. Aunque vivir en un estado de flexibilidad implica no apegarse a ningún resultado, de todas maneras es crucial que sus intenciones no sean ambiguas. Formule una intención clara y desentiéndase del resultado.

*Recopilación de información*

El segundo paso es *recopilar información*. Es la etapa en la que ha de enterarse de cuanto tenga que ver con el tema que tiene entre manos. Conviértase en experto en el problema al cual se enfrenta, reconociendo que su variación particular es única. Lea libros, investigue, consulte en Internet, explore la literatura espiritual, asista a conferencias, participe en talleres, hable con sus amigos y parientes. Recoja información de todas las fuentes posibles sin juzgarla ni filtrarla y preste atención a las sensaciones de su cuerpo mientras oye lo que los demás comentan respecto de su problema, tomando nota de las opiniones que le producen bienestar y las que le generan malestar.

*Reorganización y análisis de la información*

Mientras recopila la información, su mente digerirá todo lo aprendido y estructurará los datos de una forma útil para usted. Este proceso de *reorganizar la información* se produce tanto en el plano consciente como en el inconsciente. Ha de analizar los datos para dar con otros patrones que le permitan ver el problema bajo una luz distinta.

*Incubación*

El cuarto paso es la *incubación*, que es la etapa de la rendición. En ella, permita que su conciencia se expanda a través de la meditación. Una vez enunciada su intención, recogida y reorganizada la información, el siguiente paso consiste en ir más allá de la mente racional para acceder a un ámbito más profundo de conciencia, a fin de poner en marcha la realización de su intención. Utilice la técnica de meditación de *so jam* que describimos en el capítulo 3 para acallar y expandir su mente. Repase su intención durante unos momentos antes de iniciar la meditación y libérela. El hecho de zafarse de ella posibilitará que algo nuevo llegue a su conciencia, algo que no había concebido previamente.

*Conocimiento*

Cuando las condiciones sean propicias, experimentará la quinta etapa correspondiente al *conocimiento*. Éste es producto de la reorganización de las relaciones y los significados anteriores en un contexto nuevo por completo, el cual hace posible una interpretación radicalmente distinta. El conocimiento es el salto creador pues cambian la percepción y la interpretación que usted hace del problema. Esta nueva luz interior es la esencia de la respuesta creadora, que se precipita desde un plano no local de la conciencia que existe por toda la eternidad en el espacio entre sus pensamientos, al que tiene acceso a través de la meditación. Cuando usted logra ir más allá de sus ideas sobre cómo deberían ser las cosas y se introduce en este ámbito profundo, surge algo sin precedentes. Eso es el conocimiento.

*Inspiración*

Una vez se ha producido el conocimiento, éste genera de manera espontánea *inspiración*. El grado de entusiasmo que crezca entonces en su interior le servirá para saber si se trata de un salto creador real. Cuando de verdad contempla las cosas bajo una nueva luz, todo su cuerpo/mente se llena de energía. Usted tiene la certeza mental de que el conocimiento es real y siente en su cuerpo que ese conocimiento es correcto. La pasión, la emoción, el alborozo, la alegría y el entusiasmo son señales de que el conocimiento que surgió en su interior mientras se hallaba en la etapa de incubación resolverá su problema y cumplirá su intención.

*Ejecución, integración, encarnación*

Ahora le toca a usted traducir el conocimiento en acción. Puesto que en este momento ya sabe lo que necesita para cumplir su intención, hágalo. Lleve a cabo el cambio, dé el paso, *ejecute* la acción para hacer realidad la respuesta creadora e *intégrelo* en su vida. De este modo, *encarnará* el conocimiento en su cuerpo y lo convertirá en parte suya y se convertirá en una persona nueva. Usted habrá dado un salto creador y será una nueva unidad cuerpo/mente.

*Arquímedes, el arquetipo de la respuesta creadora*

Arquímedes, nacido en Siracusa, Sicilia, en el siglo III a.C., fue el matemático más grande de su tiempo. En una ocasión el rey Hiero le pidió que averiguara si su corona era de oro puro *(intención)*. Arquímedes sabía que calculando la densidad de la corona podría averiguar si se habían agregado otros metales *(recopilación de información)*. Sabía que la densidad era igual al peso (masa) dividido por el volumen. Aunque podía pesar la corona en una balanza, desconocía cómo hallar su volumen exacto debido a su forma irregular. Después de varios días de darle vueltas al problema *(reorganización de la información)*, hizo caso de su sirviente que le instó a olvidarse por un rato del problema y tomar un baño caliente *(incubación)*. En el momento en que entraba en la bañera, notó que su cuerpo desplazaba una cantidad de agua equivalente a su volumen. Esto le dio la idea *(conocimiento)* de que podría calcular la densidad de la corona si determinaba la cantidad de agua que ésta desplazaba. Fue tal el alborozo que le produjo su descubrimiento *(inspiración)* que, según cuenta la leyenda, corrió por las calles de Siracusa gritando «¡Eureka!», que en griego significa «¡Lo he hallado!». De este modo, pudo averiguar que el orfebre había mezclado el oro con plata al realizar la corona del rey.

A manera de ejemplo de cómo funcionaría este proceso a nivel personal, piense en una mujer que vive constantemente perturbada porque su esposo no satisface sus expectativas. En su opinión, él pasa demasiado tiempo solo o hablando por teléfono con los amigos y colegas. La desazón y la ansiedad la han llevado a comer más, a engordar y a perder su amor propio.

Decide aplicar los nueve pasos de este proceso creador formulando primero su intención, que es sentirse segura, apreciada y amada. Se compromete a leer varios libros sobre las relaciones y se entera de varios puntos de vista diferentes. Aprende a meditar y lo hace con regularidad. Durante una sesión más profunda de lo habitual, accede al conocimiento de que en realidad *ella* no frecuenta ya a sus amigos y su resentimiento se debe a que su esposo está viviendo algo que ella querría también para sí misma. Se inspira con la idea y hace planes para visitar a una antigua amiga del colegio que vive en otra ciudad. Disfruta tanto de esos días que su actitud ante su vida cambia de forma radical. Comienza a hacer ejercicio y a alimentarse de manera equilibrada, y todas sus relaciones mejoran, incluyendo su matrimonio.

Cuando ella creó las condiciones que le permitieron experimentar un salto cuántico, tuvo acceso a la energía vital que anteriormente estaba fuera de su alcance. Esta capacidad de experimentar soluciones nuevas y creativas a los problemas de siempre es la esencia de la flexibilidad y un componente fundamental para revertir el proceso de envejecimiento.

## *Oportunidades para la creatividad*

Aplique el proceso de los nueve pasos cada vez que perciba un problema o una dificultad en la vida y vea en todo momento una oportunidad para la creatividad. Cuando entienda que cada problema es una oportunidad para practicar las respuestas creadoras, esperará con ansia y emoción todos los desafíos que la vida le depare.

Ayude a los demás a resolver sus problemas mostrándoles la respuesta creadora. Enseñe y aplique la respuesta creadora en su trabajo y en su vida familiar. Muestre a sus hijos que cada problema es, en realidad, una oportunidad para aprender a ser creativos. La flexibilidad y la creatividad son la clave del avance evolutivo. Incluso en términos darwinianos, sobreviven aquellos que se adaptan. Para poder adaptarnos necesitamos flexibilidad y después creatividad. Todo salto evolutivo es un salto cuántico en creatividad. Cuando cultive la flexibilidad y practique la respuesta creativa, observará que se torna mucho más joven, flexible y adaptable.

*Todos los días, en todas las formas, aumento mi capacidad mental y física.
Mi biostato está graduado en una edad saludable de _____ años.
Me veo y me siento como una persona sana de _____ años.*

*Revierto mi edad biológica:*

- *Al modificar la percepción que tengo de mi cuerpo, su envejecimiento y el tiempo.*
- *Mediante dos formas de descanso profundo: reposo consciente y sueño reparador.*
- *Nutriendo mi cuerpo a través de una alimentación sana.*
- *Al utilizar sabiamente los complementos nutricionales.*
- *Si mejoro la integración entre mi mente y mi cuerpo.*
- *Mediante el ejercicio.*
- *Eliminando las toxinas de mi vida.*
- *También, al cultivar la flexibilidad y la creatividad en la conciencia.*

## 9.º PASO

## Revierta su edad biológica a través del amor

### ACTIVIDAD

*Revierto mi edad biológica haciendo del amor el aspecto más importante de mi vida.*

*La forma de lograrlo es la siguiente:*

1. *Escucho atentamente, sin interrumpir.*
2. *Expreso mi aprecio real y sincero al menos a una persona todos los días.*
3. *De forma consciente, entro en contacto amoroso con todas las personas cercanas a mí y reconozco mi energía sexual en todas sus diferentes expresiones.*

*El amor sana.*
*El amor renueva.*
*El amor hace que nos sintamos seguros.*
*El amor nos acerca a Dios.*
*El amor vence todos los temores.*
*El amor rejuvenece.*
*El amor revierte el proceso de*
*envejecimiento.*

A través del amor, usted podrá revertir su edad biológica. Para los seres humanos, el amor es la esencia de la vida: es tan primordial como el alimento y el agua, y sin él no podemos sobrevivir. No es tan sólo una experiencia psicológica, pues transforma la biología. Los bebés mamíferos, desde los conejos hasta los chimpancés, no se desarrollan con normalidad cuando se ven privados del amor de la madre. Aunque no estamos acostumbrados a considerarlo en términos científicos, en estos últimos veinticinco años algunas investigaciones han demostrado que la experiencia del amor tiene profundos efectos promotores de vida sobre nuestra fisiología.

Estos estudios ponen de relieve que la inmunidad mejora con el solo hecho de tener actitudes de compasión. El doctor David McClelland, de la Universidad de Harvard, determinó que la producción de anticuerpos en la saliva aumentaba en los estudiantes universitarios cuando veían una película en la que aparecía la Madre Teresa consolando a un niño, mientras que se reducían cuando contemplaban escenas de guerra. Los estudios de David Spiegel, de la Universidad de Stanford, nos han enseñado que las mujeres que sufren de cáncer metastásico y participan en grupos de apoyo en los que reciben cariño viven, de promedio, dos veces más tiempo que las que no lo hacen. Sabemos que los hombres que se saben amados por su esposa se recuperan mucho mejor tras sufrir un ataque cardíaco que aquellos que no. Incluso, la simple llamada telefónica de una enfermera verdaderamente interesada puede duplicar el tiempo de supervivencia de un paciente cardíaco. También en los animales, los estudios han demostrado que la ternura y el afecto son capaces de reducir el riesgo de enfermedad. En la Universidad Estatal de Ohio se llevó a cabo un estudio curioso con dos grupos de conejos a los que se alimentó con una dieta idéntica, rica en colesterol. Los conejos de uno de los grupos recibían caricias con regularidad por parte de sus cuidadores. En cambio, los del otro grupo no recibieron manifestación alguna de afecto. Al terminar el estudio, los conejos tratados con cariño habían depositado en sus vasos sanguíneos sólo el 10% de la grasa que presentaban los animales carentes de contacto. El amor tiene efectos metabólicos en la fisiología y puede significar la diferencia entre la salud y la enfermedad, la vida y la muerte.

Estos informes científicos no nos sorprenden a la mayoría de nosotros. Todos hemos sentido la exuberancia y la vitalidad de sabernos amados. También la mayoría de nosotros hemos conocido la angustia y la desesperación de sentimos aislados y rechazados. Cuando las personas sufren la pérdida del amor experimentan cambios en la química cerebral, que influyen sobre cada una de sus células. Estos cambios aumentan de forma ostensible el riesgo de padecer todo un abanico de enfermedades, desde el cáncer hasta las cardiopatías. Asimismo, el regocijo, el entusiasmo y la tranquilidad que emanan del amor dan lugar a transformaciones que refuerzan la vida y el bienestar, tanto físico como emocional. El amor hace que nos sintamos bien porque crea la biología del deleite, la alegría y la seguridad. El amor sana, nutre y es bueno para nosotros.

*El amor transforma la biología.*

## ¿Qué es el amor?

Ahora que sabemos que el amor transforma nuestra fisiología inclinando la balanza hacia la salud y la vitalidad, estamos listos para hacernos la pregunta fundamental: ¿Qué es el amor? Los poetas, los filósofos y los autores de canciones se han expresado con elocuencia sobre este tema perenne desde tiempos inmemoriales. No hay otra palabra en idioma alguno que sea acogida en un plano tan personal como el amor. Despierta en cada uno de nosotros toda una vida de recuerdos y deseos, entretejiendo la inocencia y la pasión de nuestro cuerpo, nuestro corazón y nuestra alma.

Para la mayoría de la gente, el amor es una emoción, un sentimiento, una sensación capaz de consumir nuestros pensamientos y moléculas. El enamoramiento es un estado alterado de la conciencia en el que se transforman nuestras percepciones, interpretaciones y decisiones. Cuando nos enamoramos, nos sentimos despreocupados y dispuestos a vivir experiencias nuevas. Somos a la vez vulnerables e invencibles. Nos sentimos renovados, alborozados y alegres. El amor hace que olvidemos las preocupaciones mezquinas y nos abre la conciencia a la magia y al misterio de la vida, pues nos recuerda que estamos vivos.

El amor nos inspira a hacer grandes cosas. Gracias a su poder, somos capaces de conectar con las energías primordiales y nos convertimos en seres míticos. Los amantes se embarcan en aventuras épicas para demostrar el alcance de su pasión. El amor nos conecta con los amantes arquetípicos. Así, gozamos al revivir las historias románticas que se precipitan desde el ámbito mitológico del subconsciente humano. Todas las culturas tienen sus historias de amor. Desde Cupido y Psique hasta Rama y Sita, desde Romeo y Julieta hasta Spencer Tracy y Katharine Hepburn, estas historias pasionales reflejan el infierno de la separación y el cielo de la unión que experimentamos los seres humanos a través del amor. Historias de amor sempiternas como éstas son la llave que abre la puerta al amor universal.

## El amor personal como una forma concentrada del amor universal

Las grandes tradiciones de todas las culturas nos indican que la unidad es la verdad última de toda existencia. El Espíritu único indiviso se fragmenta en seres infinitos. Sin embargo, una vez fragmentado, las partes se sienten impelidas a restablecer la unidad. Los átomos tratan de volverse moléculas. Los cuerpos celestiales intentan unirse en sistemas solares. Los seres humanos anhelan fundirse con sus seres queridos. En esencia, el amor es la búsqueda del espíritu. La necesidad de realizar ese anhelo de unidad vibra en la profundidad de nuestra memoria personal y colectiva. La persecución incesante de la unidad fuera de nosotros nos revela en algún nivel preconsciente que la única fuente verdadera de amor es el océano infinito e ilimitado del espíritu que reside en el interior de nuestro propio ser. Mientras más conectados estamos con el espíritu, mayor es el amor que impregna nuestros sentimientos y comportamientos.

La mayoría de las personas no están en sintonía directa con su esencia espiritual. Por consiguiente, la Naturaleza, dando muestras de su compasión por los seres humanos, nos brinda la oportunidad de enamorarnos los unos de los otros. Este amor personal nos permite entrever el poder transformador del espíritu y saborear el amor universal pero, por muy enamorados que estemos, nunca nos basta. Siempre deseamos más amor, más intimidad, más asombro, porque nuestra alma siente el anhelo de experimentar la reunión última con el espíritu.

Cuando reconozca que el amor y el espíritu son la misma cosa, reconocerá su anhelo de amor como una sed de mayor conciencia, mayor comunión, mayor conexión con la inteligencia universal subyacente. Todo acto de amor es un acto de divinidad, una expresión del espíritu.

Comprométase a ver cada acto de amor como una expresión del espíritu. Mirar con dulzura a un niño, dar limosna a un necesitado, ayudar a un extraño a cambiar la rueda de su coche, llevar flores a su cónyuge, servir de voluntario en un hospital, son actos a la vez personales y espirituales. Le brindan gran alegría porque ayudan a ampliar su concepto de lo que usted es. Cada acto de amor afloja las cadenas del egoísmo; le permite vislumbrar el espíritu y lo acerca un paso más hacia la integración de lo eterno con la existencia limitada por el tiempo. El amor crea la experiencia de la eternidad del momento presente y cuanto más la disfrute, más rejuvenecerá. Si logra hacer crecer su conexión con la profundidad de su esencia, que es el espíritu, más pleno de amor y liberado se sentirá.

Piense en el amor, hable de él, búsquelo y foméntelo. Comprométase a expresar el amor en todas las interacciones de su vida: sólo de esta forma su alma recordará que es perfecta. Todas las lecciones de la vida son lecciones de amor. De este modo, para que su vida sea espiritual ha de buscar el amor en todas las situaciones. Haga del amor el aspecto más importante de su vida y rejuvenecerá y vivirá más tiempo.

---

*En esencia, el amor es la búsqueda del espíritu.*

---

## Comunicar amor

El amor es el espíritu en movimiento. Al pasar de un corazón a otro, genera la biología que revierte el envejecimiento. El amor debe evidenciarse para que pueda servirle a usted y a sus seres queridos. Hay tres formas fundamentales de manifestar su amor por otra persona:

- Escuche con atención lo que le dice.
- Exprésele con palabras y obras su aprecio.
- Muéstrele su afecto con el contacto físico.

Cada una de estas demostraciones de amor sucede espontáneamente cuando nos enamoramos. Basta con mirar a cualquier pareja de enamorados para constatar que los dos viven pendientes de las palabras del otro; que tiñen de poesía las cosas que les parecen atractivas, inteligentes y excepcionales del otro; que expresan su aprecio a través de objetos de amor, desde flores hasta joyas; que no pueden dejar de tocarse.

Ya sea que esté en las primeras etapas de un nuevo romance, que lleve muchos años en una relación, o que esté visitando a un viejo amigo de la universidad, estas tres facetas del amor son importantes. Demuestre su amor permaneciendo por completo en el presente, exprese su aprecio con palabras y obras, sea afectuoso, practique conscientemente estos principios del amor y, como resultado, rejuvenecerá y vivirá más tiempo.

## Amor, sexo y espíritu

La energía sexual es la energía primordial creadora del Universo y todas las cosas vivas provienen de ella. En los animales y en otras formas de vida, se expresa exclusivamente como creatividad biológica, es decir, que los animales engendran más animales. Pero en los seres humanos, la energía sexual puede canalizarse hacia la creatividad en todos los niveles: físico, emocional y espiritual, y participa en todas las situaciones en las que se experimenta atracción, excitación, felicidad, pasión, interés, inspiración, emoción, creatividad o entusiasmo.

Todas estas manifestaciones diferentes de la energía sexual se manifiestan en el cuerpo físico en forma de sensaciones. La excitación sexual la percibe nuestro cuerpo. Cuando nos sentimos entusiasmados, inspirados, alegres, rebosantes de energía o de pasión, también experimentamos determinada sensación física. La característica común a cada una de estas experiencias es la sensación de expansión. En ocasiones, este sentimiento puede ser tan intenso que nos parece que, de un momento a otro, estallaremos. Nos sentimos llenos de energía. El término médico para este estado de plenitud es tumescencia. Aunque, por lo general, se utiliza en el contexto de la excitación sexual, también puede caracterizar estas otras expresiones de emoción y pasión.

Aprenda a entrar en contacto con esas sensaciones y reconozca sus diversas manifestaciones físicas. Cierre los ojos en este momento y recuerde una situación en la cual se haya sentido apasionadamente emocionado ante una obra de arte, la belleza de un paisaje o una pieza musical conmovedora. Quizá también le sucedió al tener una brillante idea de negocios o al escuchar algo que de inmediato le brindó la solución al problema que tenía entre manos. Pudo haber sido una experiencia sexual erótica y apasionada. Note las sensaciones que la experiencia de la inspiración provocan en su cuerpo. Ésa es la esencia de la energía sexual, la cual se expresa de muchas maneras diferentes. Aprenda a reconocer esta fuerza vital poderosa en todas sus manifestaciones.

En el transcurso de su vida cotidiana, preste atención a esas experiencias de vitalidad intensa. Puede provocarlas una persona por la que se sienta intensamente atraído, los colores espectaculares del atardecer o la visión de las manos bellas y cargadas de ternura de su abuela. Tome conciencia de la energía que llena de poder a quien ama apasionadamente la vida. Cultive esas sensaciones por medio de su atención hasta que sienta un alborozo exuberante en cada una de las células de su cuerpo. Cuanto más busque y reconozca esas sensaciones en su cuerpo, mayor será la conciencia de sus experiencias sensoriales, su aprecio inocente y simple, y su gratitud por la creación. En ello radica la esencia de la vida espiritual.

A pesar de lo que, quizás, ha aprendido a creer a través de su condicionamiento, el deseo sexual es sagrado y virtuoso. Por el contrario, lo que sí es artificioso y antinatural es la supresión de la energía sexual. Para muchas personas, la experiencia de la intimidad sexual es su primer acercamiento a la experiencia de la espiritualidad. Cuando usted y su ser amado se funden física y emocionalmente, ambos trascienden las fronteras del ego. En ese estado de unión experimentan una sensación de eternidad, naturalidad, regocijo e indefensión. Éstas son cualidades del espíritu cuando no está subyugado por el control, el miedo o la separación. Cultivar este estado de entrega natural y vulnerabilidad aceptada en todas las relaciones es la esencia de la vida espiritual.

## *Vitalidad sexual*

En todas las edades, la energía sexual está a nuestro alcance y abrirse a ella revierte el envejecimiento. Aunque muchas personas tienen la impresión de que la energía sexual disminuye con la edad, los estudios han demostrado que la gran mayoría de los hombres y de las mujeres son sexualmente activos a los sesenta, los setenta y más años. Casi el 90% de las personas casadas de más de sesenta años y más del 80% de las que tienen setenta son sexualmente activas y disfrutan de sus relaciones. La sexualidad es una característica de las relaciones amorosas íntimas durante la vida adulta.

Ciertos cambios fisiológicos asociados con el envejecimiento vistos desde determinado ángulo pueden interpretarse como una pérdida, pero bajo otro prisma son una oportunidad. Es cierto que algunos hombres de sesenta y setenta años tardan más tiempo en excitarse físicamente, y que algunas mujeres necesitan ayuda para compensar la sequedad de los tejidos debida a la menor producción de estrógenos. Pero éstos son aspectos que pueden superarse con facilidad. El tiempo y la atención que se destinan a crear intimidad física, emocional y espiritual pueden traducirse muchas veces en las experiencias sexuales más satisfactorias de la vida de una persona.

Para mejorar sus experiencias sexuales, usted deberá renunciar a las expectativas que se refieren a tres aspectos:

1. *Desempeño*, ejemplificado por la pregunta: «¿Cómo lo estoy haciendo?»
2. *Emociones*, ejemplificadas por la pregunta: «¿Cómo me estoy sintiendo?»
3. *Seguridad*, ejemplificada por la pregunta: «¿Realmente me amas?»

Éstas son inquietudes comprensibles cuando explore la intimidad con su pareja. Sin embargo, también son oportunidades únicas para expresar las vulnerabilidades y crear más intimidad. La intimidad se deriva de la voluntad de ser vulnerables. Pida lo que necesita y dé a su pareja lo que él o ella precise. La sinceridad, la vulnerabilidad, la voluntad de dar y la disposición para recibir son cualidades del espíritu.

Abandone sus expectativas porque, al hacerlo, podrá desprenderse de la resistencia, que le impide disfrutar de lo que está viviendo. En el sexo, como en todos los aspectos de la vida, la resistencia nace del miedo. Su origen es mental y proviene de un juicio en contra de lo que se está experimentando. Trate de dejar de lado sus juicios y abandonar sus expectativas y no tardará en experimentar la pasión y la entrega que el sexo le brinda. La pasión concentrada del amor en el sexo impregnará entonces todos los demás aspectos de su vida.

Si percibe que con la experiencia sexual se mezclan emociones ocultas tales como vergüenza, culpabilidad o ira, comprométase a liberar esos sentimientos tóxicos e inhibitorios. La intimidad sexual es un camino hacia la experiencia de la libertad verdadera porque es un aspecto de la vida en el cual nos podemos mostrar por completo desinhibidos y libres. Existe realización sexual cuando la experiencia emana de la sencillez del juego y no de la necesidad ya que entonces se convierte en adicción. Por el contrario, cuando el sexo es producto del deseo de jugar, el resultado es el éxtasis.

---

*Pese a lo que quizás ha aprendido a creer a través de su condicionamiento, el deseo sexual es sagrado y virtuoso.*

---

## El juego

El sexo es en verdad placentero y engendra muchísimo amor e intimidad cuando se experimenta como un proceso y no como una finalidad. La sociedad occidental ve el mundo en términos de objetivos finales. Tanto los hombres como las mujeres están condicionados para alcanzar las metas establecidas lo más directa, rápida y eficientemente posible. Esta actitud se manifiesta también en nuestras relaciones sexuales, en las cuales hemos aprendido a apreciar el clímax como el único objetivo de la intimidad física. Aunque todos los amantes gozan el placer del orgasmo, las tradiciones de la sabiduría de India y China sugieren que jugar con la energía sexual y prolongar el proceso de la intimidad sexual es un medio para expandir el corazón, la mente y el espíritu, y enriquecer, a la vez, el goce físico. Conocidos como *Tantra* en la India y el *Tao del Sexo* en la cultura tradicional china, los principios básicos de las relaciones sexuales conscientes son *el ritual, la comunicación y la delicadeza*.

## *El ritual*

Si el sexo para usted es un acto sagrado, comprenderá el valor del ritual. Dedique el mayor tiempo posible a prepararse para el amor sexual. Báñese y prepare su cuerpo y su mente para compartir sus dones más personales. Disponga la escena del amor sexual prestando atención a todos los sentidos. Lea poemas de amor a su pareja para crear una atmósfera de inspiración. Ponga música hermosa que despierte las pasiones y abra el corazón. Utilice ropa sensual y adecue el ambiente con tenues luces de velas y aromas agradables. Mire a su amante a los ojos y reconozca, en silencio o en voz alta, el don de entregarse íntimamente a su pareja.

Si para usted la sexualidad es sólo una necesidad fisiológica más, ése será el único propósito que cumplirá. Si reconoce que, a diferencia de sus ancestros animales, tiene la capacidad de canalizar la energía sexual creadora para expandir el corazón y elevar la conciencia, puede utilizar los rituales para concentrar la atención y la intención. Al transformar el intercambio entre dos personas de un acto puramente biológico en un acto del cuerpo, la mente y el espíritu, se genera pasión, vitalidad y éxtasis.

## La comunicación

Comunique sus sentimientos y necesidades a su pareja antes, durante y después del acto sexual. Hágale saber lo que le produce placer y lo que necesita para sentirse adorado, seguro y excitado. Reoriente su intención para que no se limite a liberar la presión sexual sino a celebrar todo el proceso. El hecho de prolongar el acto sexual fortalece la energía tanto en la mente como en el cuerpo. Informe a su pareja cuando esté próximo al clímax y reduzca el ritmo para expandir y prolongar el placer. El acto sexual es la danza del cuerpo, la mente y el alma, y puede hacerse durar durante las veinticuatro horas del día en el plano físico, emocional y espiritual.

La voluntad de mostrarse vulnerable nutre el éxtasis sexual. Para que pueda pedir a su pareja lo que necesita para satisfacer sus deseos y fantasías más profundas, usted debe estar dispuesto a mostrarse vulnerable. Esta vulnerabilidad hace que se borren los límites que separan el «yo» del «tú» y el cuerpo del alma. Ésta es la esencia de una experiencia espiritual y la promesa de un acto sexual de amor consciente.

## La delicadeza

Al igual que la meditación, el acto sexual es un ámbito en el cual la fuerza, el esfuerzo y el control no tienen lugar porque no producen éxito ni realización. La sutileza, la delicadeza y el momento propicio son la esencia del éxtasis. Para que brote la dicha sexual es preciso prestar toda la atención al momento presente y abrirse a la creatividad. El sexo puede ser una herramienta para la transformación personal si aprende a reconocer las señales de su cuerpo y del de su amante y las utiliza para rendirse y liberarse de la resistencia y del miedo. El amor en el sexo da acceso a los planos de la conciencia personal, colectiva y universal. Toda pareja enamorada pone nuevamente en escena los mitos perennes del amor y reproduce la reunión de las almas. En la medicina tradicional china, hacer el amor es una oportunidad para equilibrar las fuerzas del *yin* (movimiento hacia adentro) y del *yang* (movimiento hacia afuera). En el *Ayurveda* y el *Tantra*, la unión sexual es la expresión personalizada de la danza eterna entre los impulsos de la potencialidad pura (Shiva) y la expresión creadora (Shakti).

La verdadera intimidad es la unión de carne con carne, de corazón con corazón, de alma con alma. La energía sexual es la energía creadora del Universo y es sagrada. Cuando devolvemos la experiencia sexual al ámbito de lo sagrado, nuestro mundo se torna divino, santo y saludable.

---

*A través de la vulnerabilidad de la intimidad sexual*
*se borran los límites que separan el «yo» del «tú»*
*y el cuerpo del alma.*

---

## *Ojas:* la esencia del amor

Usted ha venido utilizando el mantra *ojas* en su ritual diario para percibir su cuerpo como un campo de energía, transformación e inteligencia. Esta sustancia sutil nutre sus cuerpos físico, emocional y espiritual. Es la esencia integradora que unifica todos los aspectos de su ser.

Según el *Ayurveda*, nacemos con una reserva reducida de *ojas*, la cual podemos aumentar o disminuir, dependiendo de si nuestras experiencias son tóxicas o benéficas. La comida sana, las emociones de amor, las impresiones sensoriales benéficas, las hierbas rejuvenecedoras y el fin creador de la energía sexual contribuyen en su conjunto a que *ojas* crezca. *Ojas* recuerda a cada una de las células del cuerpo su función principal de sustentar la integridad de la red mente/cuerpo. También fortalece la inmunidad natural y cuando se agota se desarrolla susceptibilidad a los trastornos degenerativos, incluido el cáncer. Por consiguiente, proteger e incrementar las reservas de *ojas* es fundamental para revertir el proceso de envejecimiento.

*Ojas* se puede agotar a causa de una liberación excesiva del fluido reproductivo. Esto es importante para los hombres y fundamenta la idea de que, al envejecer, la vitalidad puede mejorarse si se reduce la frecuencia de la eyaculación, algo que no es un argumento moral sino una expresión de la conservación de la energía. Por principio general, si usted es hombre, trate de mejorar la relación entre las experiencias sexuales y la eyaculación. Si está acostumbrado a liberar la tensión sexual cada vez que tiene relaciones, trate de hacerlo una vez sí y una no. Después, trate de hacerlo cada tercera vez. Aunque al principio puede sentir una especie de frustración, con seguridad comenzará a apreciar muy pronto el mayor grado de energía y pasión que sentirá durante todo el día. Si usted es mujer, juegue con su pareja para mantener su energía sexual despierta pero sin liberarla de inmediato. Cuando los amantes dirigen de forma consciente su poderosa energía sexual, se hacen más atractivos el uno para el otro. Todos los aspectos del acto de hacer el amor, dentro y fuera de su expresión sexual, adquieren un mayor matiz de éxtasis.

## Nutrición para *ojas*

Según el *Ayurveda*, hay alimentos y hierbas especiales para acrecentar los efectos de *ojas*. Las frutas y las verduras frescas, los cereales integrales, los frutos secos (en particular las almendras), la miel y los lácteos derivados de vacas bien cuidadas mejoran el nivel de *ojas*. Entre las sustancias que agotan a *ojas* están el alcohol, el tabaco, los alimentos enlatados, los altamente procesados, los fritos y los que contienen edulcorantes artificiales. Escoja cosas más sanas, sin llegar al extremo de la compulsión y la rigidez, las cuales también agotan a *ojas*. Sencillamente, tome mayor conciencia de lo que elige para usted de manera que, en la medida de lo posible, pueda aumentar la reserva de *ojas* en su vida.

## Ojas *y las hierbas*

Son muchas las hierbas rejuvenecedoras clásicas que se emplean en los sistemas de sanación del mundo entero que, además, fortalecen a *ojas*. El ginseng de los sistemas chino y coreano es la hierba más popular del mundo y se ha utilizado tradicionalmente para aumentar la potencia sexual. Los estudios científicos sugieren que el ginseng puede incrementar el apetito sexual y mejorar la función eréctil tanto en los animales como en los hombres. También redunda en una sensación general de bienestar y de vitalidad. El ginseng se comercializa en muchas formas, desde cápsulas hasta infusiones e, incluso, goma de mascar.

El *Ayurveda* tiene toda una rama de la medicina dedicada a mantener y recuperar la función óptima de los tejidos reproductivos. Las hierbas utilizadas para este propósito se conocen como *vajikarana* y se las denomina popularmente afrodisíacas. Aunque la noción generalizada de una sustancia afrodisíaca es que despierta el deseo sexual, según el *Ayurveda* estas hierbas afrodisíacas también mejoran la esencia reproductiva. En otras palabras, mejoran a *ojas*. Las tres sustancias más comúnmente recomendadas para este propósito en el *Ayurveda* son *ashwagandha*, *shatavari* y *amalaki*.

*Ashwagandha (Withania somnifera)*

Conocida también como ginseng indio, esta hierba de fuerte fragancia se ha reconocido desde tiempo atrás como la principal sustancia rejuvenecedora para el sexo masculino. Su nombre en sánscrito significa «olor a caballo», dando a entender que infunde la potencia de un equino a quien la utiliza. Aunque siempre se la ha considerado una hierba para mejorar la potencia sexual, la mayoría de los estudios se han centrado en investigar sus propiedades para reducir la tensión emocional y mejorar la inmunidad. Un experimento reciente realizado con animales reveló que la *ashwagandha* influye en las sustancias químicas que produce la hipófisis, responsable de regular las hormonas sexuales.

El *Ayurveda* aconseja tomar una cucharadita de *ashwagandha* en leche caliente endulzada con miel o azúcar moreno antes de dormir. Se recomienda, en especial, en los días en que el hombre ha eyaculado, con la intención de ayudarle a reponer el *ojas* perdido. También es útil para avivar la pasión y el ardor sexual de la mujer. La *ashwagandha* se consigue fácilmente a través de diversos distribuidores en Occidente.

*Shatavari (Asparagus racemosus)*

Se dice de esta forma silvestre del espárrago que es el equivalente femenino de la *ashwagandha* en el sentido de que sustenta la energía nutritiva, receptiva y creadora femenina, presente tanto en los hombres como en las mujeres. El *Ayurveda*, sin temor a exagerar, da a esta planta nutritiva el nombre sánscrito de *shatavari*, que podría traducirse como «capaz de satisfacer a cien maridos». Es un tónico clásico para varias indicaciones como aliviar los síntomas premenstruales, aumentar la producción de leche en las madres en fase lactante y facilitar la transición durante la menopausia. Los estudios científicos que se han realizado hasta la fecha con el *shatavari* han sido limitados y se han centrado sobre todo en su función tradicional de aliviar los malestares de estómago y mejorar la lactancia. Aunque si consideramos su largo historial de acción favorable sobre la fisiología femenina, el *shatavari* merece ser objeto de mayor exploración científica.

A pesar de que por norma general se recomienda para la mujer, el *shatavari* también se considera un tónico valioso para los hombres. Lo mismo que la *ashwagandha*, casi siempre se toma disuelto en leche caliente endulzada con miel o azúcar moreno. La combinación de *shatavari* con *ashwagandha* (sendas cucharaditas) en una taza de leche caliente con una pizca de azafrán y un poco de miel o azúcar moreno es un tónico excelente tanto para hombres como para mujeres y se ha utilizado tradicionalmente para reponer el *ojas*.

### *Amalaki (Emblica officinalis)*

Este pequeño fruto es una de las fuentes naturales más abundantes en antioxidantes y su zumo contiene veinte veces más vitamina C que el de naranja. Se considera que el *amalaki* es el tónico general ayurvédico más potente, benéfico tanto para los hombres como para las mujeres. En Occidente se comercializa en especial en forma de jalea, combinado con otra serie de hierbas y especias tonificantes.

Según la mitología relativa a esta sustancia rejuvenecedora milenaria, el viejo sabio Chavan recibió de un rey la petición de que se casara con su hija. A Chavan le preocupaba no poder satisfacer las necesidades de su joven novia, pero en la meditación recibió el conocimiento de la fórmula de *amalaki* y otras hierbas que le devolvería la vitalidad de su juventud, a la que con posterioridad se llamó *chavanprash* o jalea de Chavan.

Las investigaciones científicas han demostrado que el *amalaki* posee propiedades beneficiosas para la salud, como desintoxicar el cuerpo de los agentes carcinogénicos, proteger el ADN, reducir los niveles de colesterol y aliviar la acidez estomacal. Las jaleas a base de *amalaki* cada vez se consiguen con mayor facilidad en Occidente. Recomendamos una o dos cucharaditas todos los días como tónico para mejorar el *ojas*.

---

*Cuando devolvemos la experiencia sexual al ámbito de lo sagrado, nuestro mundo se torna divino, santo y saludable.*

---

## El alma del amor

El amor sirve al alma. A través del amor aprendemos nuestras lecciones sobre la vida y despertamos nuestro recuerdo de la unidad. El alma es el tejido de nuestros recuerdos y deseos, y sirve de armazón para todas nuestras aspiraciones, decisiones y experiencias en la vida. El alma es la confluencia de los contextos y el significado. El contexto es una serie de relaciones y el significado es el modo en que interpretamos esas relaciones. Nuestra vida es un río de relaciones y significado.

Cada uno de nosotros reproduce continuamente uno de los temas perennes del amor: confianza y traición, amor no correspondido y lujuria prohibida, amor incondicional y necesidad calculada. Desde Adán y Eva hasta Judas y Jesús, las historias más poderosas que pasan de generación en generación y viven en las culturas son historias de amor. El amor es la fuerza primaria de la Tierra y más allá de todas las razones tácitas y manifiestas, detrás de cada acto, está el amor. Esforzarse por obtener buenas notas en la escuela, hacer bien un trabajo, crear una gran obra de arte, componer una sinfonía maravillosa, escribir una novela excepcional, ganar el premio Nobel son historias que, vistas desde su fondo, son historias de amor disfrazadas. En realidad, la única razón por la cual hacemos algo es por amor, aunque intentemos por todos los medios ocultar nuestras verdaderas motivaciones.

Nuestro análisis del amor lleva a una conclusión sencilla: genere más amor en su vida para beneficio de su bienestar físico, emocional y espiritual. Cuando despierte cada mañana, pregúntese: «¿Cómo podré crear más amor hoy? ¿Cómo podré expresar más amor hoy? ¿Cómo podré ser más receptivo al amor hoy?» Asegúrese de que en cada interacción haya un intercambio de amor. Ya sea al hablar con sus empleados o compañeros de trabajo, al pagar en el supermercado, al dialogar con sus hijos o al estar en la intimidad con su ser amado, proyéctese desde un diálogo interior de amor. Cuando el amor se convierte en la parte más importante de la vida, la mente y el cuerpo vibran con la eternidad.

*Todos los días, en todas las formas, aumento mi capacidad mental y física.*
*Mi biostato está graduado en una edad saludable de _____ años.*
*Me veo y me siento como una persona sana de ____ años.*

*Revierto mi edad biológica:*

- *Al modificar la percepción que tengo de mi cuerpo, su envejecimiento y el tiempo.*
- *Mediante dos formas de descanso profundo: reposo consciente y sueño reparador.*
- *Nutriendo mi cuerpo a través de una alimentación sana.*
- *Al utilizar sabiamente los complementos nutricionales.*
- *Si mejoro la integración entre mi mente y mi cuerpo.*

- *Mediante el ejercicio.*
- *Eliminando las toxinas de mi vida.*
- *Al cultivar la flexibilidad y la creatividad en la conciencia.*
- *También, a través del amor.*

## 10.º PASO

## Revierta su edad biológica manteniendo la mente joven

### ACTIVIDAD DIARIA

*Revierto mi edad biológica manteniendo la mente joven.*

*La forma de lograrlo es la siguiente:*

1. *Enriquezco mi experiencia sensorial tanto interna como externamente.*
2. *Dedico mi vida al aprendizaje permanente y al crecimiento personal.*
3. *Disfruto del juego, la despreocupación y la risa.*

*El cuerpo es un campo de moléculas.
La mente es el terreno de las ideas.
A todo pensamiento
acompaña una molécula.
Los pensamientos juveniles y frescos crean
moléculas juveniles y frescas.
La edad psicológica influye en la edad
biológica.*

El décimo paso para rejuvenecer y vivir más tiempo consiste en mantener la mente joven. Ésta, a diferencia del cuerpo, no es algo material. El cuerpo es un campo de moléculas. Se puede palpar; es sólido. Aunque cambia y se transforma constantemente, tiene la apariencia de un objeto estático, similar a una escultura. Podemos examinar el cuerpo y medir sus marcadores biológicos de una forma bastante precisa y objetiva. En el capítulo 1 nos referimos a esos marcadores biológicos.

Por otra parte, la mente no es un campo de moléculas; es un terreno de ideas. Las ideas no pueden ponerse en un tubo de ensayo ni observarse a través del microscopio. No es posible examinarlas de la forma objetiva tradicional y sólo cabe experimentarlas de manera subjetiva. Según el *Ayurveda*, el cuerpo es un campo de información y de energía que experimentamos objetivamente, mientras que la mente es ese mismo campo de información y energía pero que experimentamos subjetivamente. Hay una correlación entre la subjetividad y la objetividad. Adonde quiera que vaya un pensamiento también va una molécula.

Las tradiciones espirituales afirman que el verbo se hizo carne. En realidad, el verbo y la carne son la misma cosa, lo mismo que, según la física, las partículas y las ondas conforman la misma unidad. El cuerpo es un conjunto de partículas. La mente es una agrupación de ondas. Son la misma cosa pero experimentada de manera diferente, dependiendo del método de observación, bien sea éste objetivo o subjetivo.

Muchos estudios han confirmado que la edad biológica se correlaciona mejor con la edad psicológica que la edad cronológica. Si usted tiene el corazón joven, lo más probable es que sus marcadores biológicos lo reflejen. Pero si su corazón se ve afectado por la hostilidad o el desamor, es bastante probable que sufra un ataque cardíaco.

Por consiguiente, es importante comprender los factores que contribuyen a mantener la mente joven, porque con toda probabilidad una mente joven redundará en un cuerpo joven. Como es obvio, todos los factores que hemos analizado en los capítulos anteriores son muy importantes. Sin embargo, si su mente es vieja, su cuerpo la reflejará, aunque usted ponga en práctica cuanto le hemos sugerido hasta ahora. Una mente joven es una mente que crece sin cesar. Como reza el dicho: «Las personas no envejecen: se vuelven viejas cuando dejan de crecer.»

Los científicos que estudian el cerebro han descubierto que es un órgano de un dinamismo extraordinario, sujeto a perpetuidad a un proceso de reestructuración. La corteza cerebral, cuyo espesor es inferior a un centímetro y que abarca tan sólo 889 centímetros cuadrados, contiene más de 20.000 millones de neuronas. Cada una de las células del cerebro tiene más de 10.000 conexiones con las demás células nerviosas del cerebro, que se transforman sin pausa. Los campos eléctrico, magnético y químico de su cerebro están en movimiento permanente y reflejan las experiencias cambiantes de cada momento.

Hasta la anatomía del cerebro está sujeta a modificación. Los microscópicos nexos que conectan las neuronas entre sí se expanden y contraen. Las células mismas van y vienen. Ya se ha desechado la vieja noción de que los adultos nunca generan neuronas nuevas, es más, en la

Universidad norteamericana de Princeton se acaba de descubrir que todos los días nacen miles de neuronas nuevas en el cerebro.

Nuestras experiencias siempre cambian. Todas tienen lugar en la mente, que nunca permanece inmóvil, de manera que el cerebro refleja esta flexibilidad. Ocúpese de mantener su mente fresca y joven, y así su cerebro y su cuerpo también lo estarán.

---

*El cuerpo es un campo de información y energía que experimentamos objetivamente; la mente es ese mismo campo de información y energía pero que experimentamos subjetivamente.*

---

## Una mente joven

La mente joven es dinámica, vibrante y curiosa. Eso es lo que todos deseamos: una mente despierta y activa y una gran vitalidad física. Como resultado de su compromiso con los otros pasos de este programa, usted ha sentado las bases para alcanzar este estado ideal. Ha modificado sus percepciones y expectativas sobre el envejecimiento. Destina tiempo todos los días a acallar la mente a través de la meditación. Nutre su cuerpo con sumo cuidado con alimentos sanos, complementos nutricionales, técnicas de integración mente/cuerpo y ejercicio equilibrado. Está eliminando las toxinas de su cuerpo, de su mente y de su alma. Está cultivando la flexibilidad y la creatividad en la conciencia, y está haciendo del amor el aspecto más importante de su vida. Con todos estos componentes fundamentales en funcionamiento, es esencial que mantenga su mente activa y en expansión, pues sólo así podrá disfrutar de los beneficios de las decisiones que ha tomado para reafirmar la vida y de la sabiduría que ha acumulado.

Una mente joven tiene muchas cualidades que reflejan vitalidad. Es entusiasta, espontánea, fluida y adaptable. Observe cómo se desenvuelve un niño y verá todas las cualidades de la mente joven en acción. En este momento usted tiene una mente joven dentro de sí y lo único que ha de hacer es permitirle expresarse.

*Entusiasmo*

Una mente joven es entusiasta. La palabra «entusiasmo» proviene del griego *entheos*, que significa «pleno de divinidad». Una mente llena de la inteligencia creadora del Cosmos es una mente joven. Rebosa energía. El Universo se renueva a cada instante, y la mente que vibra en consonancia con esa energía ve el mundo con el entusiasmo y el asombro de un niño. Siga el consejo del dios Shiva que nos insta a «salir del río de la memoria y el condicionamiento para ver el mundo como si fuera la primera vez».

Una mente joven es la que posee el principiante. Siente entusiasmo ante todo: una mariposa, el arco iris, las estrellas, un conejo con cola de algodón, un libro nuevo, la fragancia de una rosa, una fresa recién cogida. Preste atención a las escenas maravillosas que ocurren a su alrededor. Sepa valorar la danza espectacular de la naturaleza, siempre fresca y nueva. El estado de alerta y vitalidad es la base del entusiasmo, y éste revierte el envejecimiento.

*Espontaneidad*

Una mente joven es espontánea. Es imprevisible y no está condicionada por nada; está abierta a todas las posibilidades y no se siente cohibida por las normas establecidas. Una mente joven renuncia a la necesidad de definirse en términos limitados y tolera la ambigüedad, lo que da lugar a la espontaneidad. En este momento usted alberga impulsos espontáneos dentro de sí. Cierre los ojos y sienta la exuberancia de la espontaneidad que desea manifestarse. Ahora mismo, mientras lee estas páginas, haga algo espontáneo. Busque el impulso en su interior y nútralo con su atención. He aquí algunas sugerencias:

- Bese a su cónyuge
- Póngase a bailar
- Llame a su madre
- Comience a cantar
- Quítese la ropa
- Lea un poema
- Haga un dibujo

Sea espontáneo. Aunque esta cualidad no es algo que pueda «practicarse», usted sí puede mantenerse alerta para cultivar estos impulsos que bullen en su interior, pues la espontaneidad es una cualidad de la mente joven.

## *Fluidez y adaptabilidad*

Una mente joven es fluida y adaptable. No se permite quedar atrapada por los límites que ensombrecen la unidad de todas las cosas. Ve de manera natural que todo en la vida está relacionado y, por tanto, puede fluir con las situaciones y las circunstancias cambiantes sin oponer resistencia. Una mente joven no se estanca en los detalles de las distinciones.

Sea adaptable.

No caiga en la trampa de actuar con unas miras estrechas y limitadas. Ha de saber ver el todo. No consienta que los límites impongan sombras sobre su unidad y busque la conexión entre todas las cosas de la vida.

*Su mente cuántica*

En el plano de la realidad cuántica, el Universo no está hecho de cosas. Consta de campos oscilatorios de energía. El ámbito cuántico es espontáneo y, por ende, escapa a cualquier predicción y se opone a todo intento de definición exacta. En el ámbito cuántico, todo está relacionado, de manera que cualquier perturbación que se produzca en él influye sobre todo lo demás que lo compone.

El ámbito cuántico tiene energía ilimitada, es infinitamente imprevisible y está interconectado de manera ilimitada. O, lo que es lo mismo, es entusiasta, espontáneo y fluido. Éstas son las cualidades de la mente cósmica, la cual crea un Universo nuevo a cada instante. Éstas son las cualidades de una mente joven, que da lugar a un cuerpo nuevo en cada momento.

## Intensifique su nivel de conciencia sensorial

Una mente joven está alerta a las sensaciones internas y externas de la vida. Una mente vieja permanece adormecida e indiferente ante los deleites sensoriales que en ella y en su entorno existen. Usted puede crear una mente exuberante y joven si intensifica su estado de conciencia sensorial. Despierte a la profusión de sensaciones que tiene a su disposición y enriquezca su imaginación. Una mente joven está en sintonía con el universo multidimensional y multisensorial en el que habitamos.

## *Alimente su cuerpo/mente a través de los cinco sentidos*

Preste atención a su entorno. Alimente sus sentidos con impulsos placenteros, interesantes e inspiradores. La mente joven se nutre explorando nuevos terrenos. Vea su entorno con ojos nuevos. No dé por hecho su mundo.

- Escuche música bella, interesante, diferente y de distintas partes del mundo. Preste atención a los sonidos de la naturaleza: el canto de los pájaros, el ulular del viento entre las hojas, el repicar de la lluvia sobre el tejado, las olas del mar al romperse en la playa.
- Sienta la textura de las cosas. Hunda las manos en la tierra. Acaricie a sus seres amados o a su mascota. Palpe una escultura. Pase las manos por la corteza de un árbol.
- Vea su mundo con ojos nuevos. Tome nota de las cosas de las que casi nunca se percata. Aprecie las distintas tonalidades de verde de la paleta de la naturaleza. Preste atención al modo en que se forman y se desvanecen las nubes. Vaya a un museo de arte y deambule sin prisa por sus galerías. Observe con interés los rostros de los seres que le rodean.
- Pruebe las cosas como si fuera la primera vez. Muerda una manzana ácida. Saboree un pastel de cereza recién horneado. Póngase un clavo de olor en la boca. Deléitese mientras besa con pasión a su pareja. Beba un vaso de zumo de naranja recién exprimido. Deje que gocen sus papilas gustativas.
- Tome nota de los aromas de su entorno. Recréese con las fragancias de su jardín. Sienta el olor de las comidas. Inhale el olor de su ser amado. Salga después de un aguacero y goce del olor de la tierra húmeda. Note la estrecha relación entre los aromas y sus recuerdos y emociones.

*Expanda su imaginación*

La energía y la información del mundo se traducen en impulsos sensoriales que se proyectan en la pantalla de su conciencia. Estos impulsos internos se conocen como *tanmatras* en el *Ayurveda*. Podemos imaginarlos como especies de cuantos mentales o el equivalente subjetivo de las unidades más sutiles de materia del mundo físico. Si despierta los *tanmatras* por medio de la imaginación usted podrá revitalizar su mente.

Lea las visualizaciones que aparecen a continuación y después cierre los ojos y traiga a su mente una representación vívida de cada una.

*Oído*

Imagine estos sonidos:
- El tañir de las campanas un domingo por la mañana
- El canto de un grillo en la noche, a través de su ventana
- La música de una banda durante un partido de fútbol
- El cucú del reloj de pared al dar las seis de la tarde
- El aullido de un lobo a la luna

*Tacto*

Imagine estas sensaciones:
- Caminar sobre la arena de la playa
- Una ducha caliente
- Tocar el pétalo de una rosa
- Acariciar la mejilla suave de un bebé
- Rozar unas sábanas de satén

*Vista*

Imagine que ve:
- Una puesta de sol en el océano Pacífico

- Una bandada de gansos en pleno vuelo
- Cúmulos de nubes en un día cálido de verano
- Una función de danza infantil
- El salto desde el trampolín de un nadador olímpico

*Gusto*

Imagine el sabor de:
- Un melocotón maduro recién cogido del árbol
- Una cucharada de helado con trocitos de chocolate
- Su refrescante colutorio de menta
- El picante de una guindilla
- La hoja amarga de una endivia

*Olfato*

Imagine el olor de:
- El pan en el horno
- Una pastilla nueva de jabón de sándalo
- Una rama de canela
- Un limón recién cortado
- La fragancia de una rosa

## *Imaginación multisensorial*

Usted podrá desarrollar sus sentidos sutiles imaginando experiencias multisensoriales. Comience con los ejercicios que le describimos a continuación y, después, genere sus propias visualizaciones para ejercitar la imaginación.

*Imagine que:*

Está en una isla tropical y va caminando por la playa. Siente el calor del sol sobre su cuerpo, y a sus oídos llega el rumor de las olas que rompen en la arena y el chirriar de las gaviotas. Huela el suave aroma de coco de su loción bronceadora.

*Imagine que:*

Se encuentra en una cafetería norteamericana de finales de la década de los cincuenta. En la máquina de discos del rincón suena una canción de Elvis Presley. Los jóvenes del local llevan camisetas blancas con las mangas remangadas. Usted bebe su primer sorbo de espumoso batido de chocolate servido en una copa alta.

*Imagine que:*

Está tumbado en una hamaca de jardín en una cálida noche de verano. Ve las luces intermitentes de las luciérnagas cuando alza los ojos al cielo oscuro. Los grillos cantan al unísono y la fragancia del jazmín impregna el aire. En el momento en que muerde un melocotón, una estrella fugaz cruza el firmamento.


Alimente el entusiasmo que le genera esa conciencia intensa de los sonidos, las sensaciones, las imágenes, los sabores y los olores de su mundo interior y exterior. Preste atención a los regalos que sus sentidos le ofrecen.


## Aprender y crecer

Una mente joven crece sin cesar, se dedica en todo momento a aprender y a expandirse, y disfruta con las experiencias nuevas y con los conocimientos adquiridos, los cuales, juntos, dan lugar a la sabiduría.

Comprométase a aprender a lo largo de toda su vida. Le ofrecemos a continuación una pequeña lista de sugerencias para que su mente siempre esté creciendo:

- Lea: a los clásicos, a Shakespeare, novelas, ciencia ficción, cuentos fantásticos. Iníciese en géneros que nunca antes habían llamado su atención
- Disfrute de la poesía de Rumi, Tagore, Hafiz, Blake, Longfellow, Frost, Ginsberg y de los poetas contemporáneos
- Interésese por las grandes obras de la literatura espiritual: la Biblia, el Corán, el Bhagavad Gita, los Upanishad, el Dhammapada
- Matricúlese en la universidad
- Aprenda un idioma extranjero
- Tome clases de piano
- Inscríbase en un curso de baile
- Asista a clases de arte
- Aprenda a cocinar
- Tome clases de redacción
- Vincúlese a un coro
- Participe en un curso de cerámica
- Interésese por los nuevos programas informáticos
- Inscríbase en un curso de creación poética
- Asista a talleres sobre el amor, el potencial humano, el éxito, la espiritualidad, la salud
- Tome clases de equitación
- Matricúlese en un curso de fotografía
- Visite lugares nuevos
- Viaje fuera de su país
- Vaya a los museos y a las galerías de arte
- Vea películas extranjeras
- Asista a conciertos

Renuncie a las ideas rígidas de lo que es usted y afronte experiencias nuevas y puntos de vista diferentes. Amplíe su vocabulario. Manténgase al tanto de las tendencias del arte, la ciencia, la tecnología, la medicina, la política, la música y la moda. No tema cuestionar las creencias prevalecientes, incluidas las suyas. Aprenda algo nuevo cada día. A medida que estimule el crecimiento de su mente, su cerebro seguirá estableciendo conexiones nuevas entre sus miles de millones de células.

---

*Experiencia y conocimiento, juntos, dan lugar a la sabiduría.*

---

## Alegría, despreocupación y risa

La mente joven es alegre y despreocupada; su risa es fácil, genuina y gozosa. A buen seguro, usted recordará momentos de su infancia en los que reía de tan buena gana que le costaba mantener el equilibrio. Y es que la jovialidad y la espontaneidad son cualidades del espíritu, que es despreocupado por naturaleza y puesto que se sabe eterno e ilimitado, no renuncia a su magia y entusiasmo a causa de preocupaciones triviales.

El juego y la recreación van de la mano. Literalmente, el juego es una oportunidad para re-*crear*, para crearse a sí mismo de nuevo. Cuando usted se abandona al gozo del juego, accede al momento presente, se desprende del pasado y se olvida del futuro. Si está inmerso en el juego, pierde la noción del tiempo. El ámbito sin tiempo del juego es el ámbito del espíritu y el espíritu es juguetón por naturaleza.

Por el contrario, el ego es serio, sólo le interesa el poder, el control y la aprobación, y se ofende con facilidad. La persona dominada por el ego, a pesar de que pueda proyectar una imagen de sí misma de arrogancia o elevada autoestima, no vive sino una experiencia oculta de miedo: miedo a perder el control, miedo a perder poder, miedo a perder aprobación y éste no engendra más que seriedad y la tendencia a sentirse ofendido con facilidad.

Cuando usted traspasa su referencia interna del ego al espíritu, se libera de la necesidad de controlar, convencer, retener, seducir y manipular, y sencillamente posibilita el devenir del universo y de la vida, lo que genera un estado natural de serenidad que predispone a la despreocupación y la risa.

La risa es el mejor remedio para el cuerpo y la mente, pues algunos estudios científicos han demostrado que fortalece el sistema inmunológico, eleva los umbrales del dolor y alivia la depresión. Le animamos a alegrarse y a abrirse a la fascinación y el placer de vivir una vida humana. Recuerde siempre que no debe permitir que la seriedad terminal consuma la fuerza de vida, y hágaselo ver así a sus amigos y a sus seres queridos.

*Sugerencias para encontrar la alegría y la risa*
- Pase tiempo con niños
- Visite tiendas de juguetes
- Juegue con animales
- Asista a una obra teatral de improvisación
- Vea películas divertidas, sobre todo las de los hermanos Marx
- Entre en una tienda de artículos de broma
- Visione programas televisivos de cámara oculta
- Vaya a la playa
- Viaje a una estación de esquí
- Monte en bicicleta
- Juegue a bolos
- Alquile unos patines en línea y dese su paseo
- Asista a un partido de su deporte favorito: fútbol, tenis baloncesto...
- Inicie una guerra de almohadas
- Cuente chistes
- Organice con los suyos partidas de juegos de mesa
- Hágale cosquillas a alguien
- Organice una fiesta de disfraces

- Vaya al circo
- Baile
- Organice una merienda
- Vaya a una heladería agradable
- Hornee galletas
- Haga pompas de jabón
- Juegue al mini-golf
- Practique su deporte preferido
- Observe a la gente en los centros comerciales
- Vaya a un parque de atracciones
- Pinte con acuarelas
- Alquile un velero
- Organice un almuerzo campestre
- Confeccione listas de cosas divertidas para hacer

---

*El ámbito sin tiempo del juego es el ámbito del espíritu.*
*El espíritu es juguetón por naturaleza.*

---

Según la ciencia védica, el propósito de la vida es expandir la felicidad. La creación es una obra de teatro divina en la cual todos representamos un papel diferente. En sánscrito se utiliza la palabra *leela* para describirla. Usted puede tomarse su papel muy en serio y perderse la magia de la vida o reconocer que es un espíritu eterno disfrazado de actor y gozar la *leela*. El hecho de no tomarse la vida muy en serio no equivale a ser irresponsable. En realidad, cuando usted reconoce la obra de teatro cósmica se hace más responsable porque ve en cada pensamiento, palabra y acto las expresiones del dramaturgo divino. Goce de la magia y el misterio que cada momento encierra.

La risa es síntoma de espiritualidad; es la corriente del

amor en su recorrido por el cuerpo; es el néctar de la conciencia del momento presente.

---

*Libérese de las cadenas del condicionamiento.*
*Atraiga mayor entusiasmo a su vida,*
*más alegría,*
*más despreocupación y*
*más risa.*

---

Uno de nuestros poetas preferidos es Hafiz, el vital y despreocupado místico del siglo XIV, en cuyos poemas, celebra la vida y nos invita a participar en la danza cósmica.

*¿Qué es la risa?*
*¿Qué son este amor y esta risa preciosos*
*que bullen en nuestro interior?*
*¡Son el sonido glorioso*
*del alma que despierta!*

Diviértase y disfrute. Así se mantendrá joven de cuerpo, mente y alma.

*Todos los días, en todas las formas, aumento*
*mi capacidad mental y física.*
*Mi biostato está graduado en una edad*
*saludable de \_\_\_\_ años.*
*Me veo y me siento como una persona sana*
*de \_\_\_\_ años.*

*Revierto mi edad biológica:*

- *Al modificar la percepción que tengo de mi cuerpo, su envejecimiento y el tiempo.*
- *Mediante las dos formas de descanso profundo: reposo consciente y sueño reparador.*
- *Nutriendo mi cuerpo a través de una alimentación sana.*
- *Al utilizar sabiamente los complementos nutricionales.*
- *Si mejoro la integración entre mi mente y mi cuerpo.*
- *Mediante el ejercicio.*
- *Eliminando las toxinas de mi vida.*
- *Al cultivar la flexibilidad y la creatividad en la conciencia.*
- *A través del amor.*
- *También, si mantengo la mente joven.*

# Epílogo

En *Lost Horizon*, la obra clásica de James Hilton publicada en 1933, el personaje central, Hugh Conway, se encuentra súbitamente en un paraje remoto del Tíbet llamado Shangri-la. No tarda en descubrir que los habitantes del lugar se rigen por unas reglas distintas a las suyas puesto que la enfermedad, el envejecimiento y la muerte son fenómenos raros allí. Por ejemplo, el gran lama del monasterio le informa a Conway que ha vivido más de doscientos cincuenta años gracias a una serie de prácticas secretas contra el envejecimiento.

Al poco tiempo de estar allí, Conway se siente atraído por Lo-Tsen, una encantadora jovencita china de diecinueve años que interpreta música todas las noches para los monjes residentes. Con el tiempo descubre que la joven anhela escapar de Shangri-la. A pesar de su vida tranquila en aquel paraíso, sueña con la experiencia de los contrastes que nunca conocerá en Shangri-la, donde no existen el sufrimiento, el envejecimiento ni la muerte.

Conway, su socio y Lo-Tsen abandonan Shangri-la y emprenden un viaje lleno de peligros de regreso a la civilización. No nos enteramos de su suerte sino hasta el epílogo, cuando el autor nos revela que Conway se encuentra en un hospital de misioneros en China y que le ha conducido hasta allí una anciana frágil que sucumbe de inmediato a una enfermedad febril. Abandonar Shangri-la ha puesto en evidencia la verdadera edad de la mujer, de más de cien años. Nos toca a los lectores imaginar el destino final de Hugh Conway.

Desde que existimos como humanidad, todos hemos soñado con paraísos como Shangri-la. Los imaginamos como sitios exóticos asentados en medio de valles verdes, paisajes hermosos, donde se respira el aire puro de las montañas. Pero Shangri-la no es un lugar: es un estado de conciencia en el cual se vive en una realidad sin tiempo, donde todas las cosas materiales se experimentan como transformaciones infinitas de energía e inteligencia, donde no existen el sufrimiento, el envejecimiento, la entropía o siquiera la muerte. Si bien ese lugar al parecer colmaría nuestros deseos, la historia de Shangri-la nos recuerda que los seres humanos necesitamos contraste, significado y propósito, para sentir que vale la pena vivir. Osho cuenta la historia de un hombre que sueña que tan pronto llega al plano celestial, un sirviente le indica que todo lo que desee se manifestará al instante. El hombre pide una comida y el sirviente crea un banquete suntuoso para él, demanda entretenimiento y al momento un grupo de actores y músicos aparecen para divertirlo, expresa sus anhelos de sensualidad y de inmediato unas mujeres bellas satisfacen sus fantasías sexuales. Aunque al principio está encantado con la experiencia, al cabo de pocos días se aburre y le pregunta al asistente si hay algo en lo que pueda trabajar. El sirviente le comunica muy cortés que puede brindarle todo lo que desee menos actividades con propósito. El hombre le responde: «No puedo pasarme todo el tiempo sin hacer algo útil. ¡Preferiría estar en el Infierno!», a lo cual el sirviente le responde, «Y acaso, ¿dónde creía encontrarse?»

Según el *Ayurveda*, la duración de la vida humana depende de nuestra conciencia colectiva. En la mitología védica, la conciencia humana pasa por cuatro ciclos, conocidos con el nombre sánscrito de *yugas*, en cada uno de los cuales cambia la duración de la vida de los seres humanos. En el primer ciclo, conocido como *sat yuga*, el 75% de las personas disfruta de una vida iluminada y, por consiguiente, la mayor parte de la humanidad vive mucho tiempo. Si hemos de creer lo que dice el *Antiguo Testamento*, las personas pueden vivir hasta mil años en *sat yuga*, como Matusalén.

El segundo *yuga* se denomina *dwarpa yuga*. En esta era, cerca del 50% de las personas se halla en un estado elevado de conciencia. En *dwarpa yuga*, el promedio de vida es, supuestamente, de 500 años. El tercer ciclo de tiempo se denomina *treta yuga* y en él el 25% de las personas se encuentra en estados elevados de conciencia y la duración promedio de la vida humana es de 250 años.

Por último llegamos al cuarto ciclo, conocido como *kala yuga*, en el cual sólo un puñado de personas experimenta estados elevados de conciencia. Según el *Ayurveda*, es la era en la cual nos encontramos. Pero incluso en *kala yuga*, se supone que la duración promedio de la vida es de cien años, de modo que pocos de nosotros ni siquiera estamos alcanzando nuestro potencial pleno en *kala yuga*. A esta etapa se la conoce también como la era de la oscuridad, porque la gente no experimenta sino una pequeñísima fracción de su amplio potencial mental y físico.

Los críticos pueden desechar estas teorías por considerarlas parte de la mitología, pero como refirió alguna vez el eminente erudito Joseph Campbell: «La Mitología contiene más verdades que la Historia.» De hecho, expresa las aspiraciones, los anhelos y las ambiciones más grandes de la imaginación colectiva. Es posible que se acerque la hora en que podamos cumplir esas aspiraciones. La teoría de la conciencia colectiva sostiene que si solamente un 1% de las personas experimentase estados elevados de la conciencia, la sociedad se manifestaría de una manera por completo diferente. Todo cambiaría: el índice de delitos bajaría en picado, los ingresos hospitalarios disminuirían y las personas gozarían de más salud y vivirían durante más tiempo.

Después de miles de millones de años de evolución, la vida comienza a divulgar sus secretos más profundos. La inteligencia biológica que encierra el código genético ha creado a un ser humano que hoy es capaz de explorar sus propios orígenes. La ciencia moderna, al descifrar el genoma humano, comienza a desvelar el alfabeto de la vida. Todos esperamos que con esta nueva tecnología podamos comprender mejor la enfermedad y el envejecimiento, e intervenir en ellos. La tecnología en sí es neutra, es decir, no es buena ni mala, pero el modo en que la utilizamos es reflejo de nuestra conciencia colectiva.

A medida que evolucione la ciencia de la genética podremos prolongar notablemente la vida y garantizar que un mayor número de personas pueda vivir para realizar su potencial pleno. Es crucial elevar nuestro estado de conciencia a fin de poder elegir entre todos los caminos más evolutivos para las personas, la especie humana y la ecología global. Jonas Salk, prominente biólogo que desarrolló la primera vacuna contra la polio, expresó la idea brillante de que, a fin de sobrevivir como especie, debemos pasar del concepto darwiniano de la «supervivencia del más apto» a un paradigma nuevo basado en la «supervivencia del más sabio». Los principios y las prácticas que el presente libro ofrece tienen por objeto contribuir a ese propósito elevado.

El ciclo de la vida es de transformación continua. La adaptación engendra estabilidad, la cual con el tiempo genera estancamiento, entropía, desintegración, disolución e incubación (que comúnmente percibimos como muerte). Cuando llega el momento propicio, la incubación da paso a un salto cuántico de creatividad, experimentado como renacimiento, resurrección y renovación. Sin este ciclo interminable estaríamos condenados a la senilidad eterna.

Nuestras creencias, expectativas y decisiones colectivas han sido de tal naturaleza que han hecho que las fuerzas del deterioro y la entropía dominen nuestra experiencia de la vida. Es hora de reconducir nuestra atención hacia las fuerzas creadoras que habitan dentro de nosotros. Si bien el ciclo continuará, creemos que a medida que transcurran los próximos decenios veremos el amanecer de una nueva era en la cual el envejecimiento humano tendrá una expresión a todas luces diferente. Como este libro le ha enseñado, es posible gozar de mayor vitalidad, creatividad y capacidad mental y física con el paso de los años. Muchos han lamentado que la juventud se desperdicie en los jóvenes, pero ahora tenemos la oportunidad de experimentar la combinación exquisita de la sabiduría de la madurez y de la juventud biológica. A través de nuestras interpretaciones y decisiones podemos mejorar la calidad y la cantidad de la vida humana, agregando años a la vida y vida a los años. Ésta debe ser nuestra intención, tanto para nosotros mismos como para el mundo entero.

Tenemos acceso a Shangri-la en nuestra propia conciencia. La física moderna nos enseña que la matemática cuántica predice la coexistencia de realidades paralelas. En el mundo cuántico no hay objetos fijos, tan sólo superposiciones de probabilidad: campos oscilatorios de posibilidad. Shangri-la es una de esas posibilidades: una proyección de la conciencia más allá de los límites del tiempo y el espacio. El mundo de la enfermedad, el deterioro, la entropía y la muerte prematura es otra proyección de la conciencia, justo la que predomina en la actualidad. Cuando la realidad cambia, tanto el observador como lo observado se transforman. El observador en una realidad es muy diferente del observador en otra; si el observador no cambia, tampoco lo observado cambia.

Aquí lo observado es el cuerpo, mientras que el observador es su estado de conciencia. Aunque es útil concentrarse en el cuerpo a través de la dieta, el ejercicio y las hierbas medicinales, el cambio real debe producirse en la conciencia. Cuando usted, el observador, cambie, su cuerpo también lo hará y el modo en que usted interpreta su vida se transformará. Una consecuencia de esta transformación es poder reconocer que envejecer es una decisión por la cual optamos.

Según el *Ayurveda*, los seres humanos somos un compendio entretejido del ambiente, el cuerpo, la mente y el espíritu. El ambiente es el de más corta existencia, puesto que cambia a cada instante. El cuerpo perdura un poco más, puesto que se necesita cerca de un año para reemplazar casi la totalidad de los átomos y las moléculas que lo conforman. La mente, que consta del intelecto y el ego, tiene una permanencia todavía mayor, y sus aspiraciones, creencias, sueños, recuerdos y deseos pueden durar toda una existencia. Su alma es eterna y no está sujeta a la entropía ni al deterioro que rigen el nivel del ambiente, el cuerpo y la mente. Viva su vida desde el plano del alma para ser eterno.

Esta conciencia no eliminará el hecho esencial de su mortalidad física. El alma necesita la oportunidad de evolucionar y dar saltos cuánticos de creatividad. Vivir por siempre en un mismo cuerpo sería como quedarse encerrado en el mismo automóvil durante toda la eternidad. En algún punto, lo viejo debe dar paso a lo nuevo. El ciclo debe continuar, tal como lo expresó de forma maravillosa lord Tennyson en uno de sus poemas:

*El viejo orden cambia dando paso al nuevo;*
*y Dios se realiza de muchas maneras,*
*no sea que una buena costumbre acabe por*
*corromper al mundo.*

Le hemos brindado las herramientas para ser co-creador con Dios y tomar las riendas de las fuerzas evolutivas de la imaginación, la inspiración, la innovación y la creatividad. Estas herramientas encierran un poder inmenso. Esperamos que las utilice sabiamente y muestre con su ejemplo el camino para crear un mundo de alegría, sabiduría y vitalidad.

# Recetas para rejuvenecer y vivir más tiempo

A continuación le ofrecemos siete menús vegetarianos representativos de diversas cocinas locales. (Todas las recetas son para cuatro personas.)

## COCINA TAILANDESA

*Caldo con coco, queso de soja y verduras*
*Curry tailandés amarillo con zanahoria y verduras*
*Pepino fresco con albahaca y hierbabuena*
*Arroz basmati con mango*
*Guiso de plátano y coco*

### CALDO CON COCO, QUESO DE SOJA Y VERDURAS

- 1     cucharadita de *ghee* (o, si no, mantequilla clarificada)
- 1     taza de queso de soja fresco, bajo en grasa, cortado a daditos
- 2-3   cucharadas de aminoácido líquido Braggs o salsa Tamari
- 1/4   de taza de puerro picado
- 1     cucharadita de raíz fresca de jengibre rallada
- 1/2   cucharadita del condimento de cinco especias chinas

| 2 | tazas de caldo de verduras |
|---|---|
| 1/2 | taza de zanahorias cortadas en juliana |
| 1/2 | taza de brécol cortado en pequeños floretes |
| 2-3 | cucharaditas de miso suave |
| 3/4 | de taza de leche de coco baja en grasa |
| 1 | taza generosa de hojas de espinaca (las hojas tiernas son las mejores) |
| 3 | cebollas verdes picadas |

Caliente el *ghee* en una olla sopera e incorpore los daditos de queso de soja. Dórelos ligeramente y agregue 1 o 2 cucharaditas de salsa Braggs o Tamari. Saque el queso de soja de la olla y resérvelo. Introduzca ahora los puerros y el jengibre, y saltéelo todo durante 2 minutos. Agregue el condimento de cinco especias chinas. Añada el caldo de vegetales y llévelo a ebullición. Incorpore la zanahoria en juliana y déjela hervir durante 2 o 3 minutos. Agregue el brécol y prolongue la ebullición por espacio de otros 2 minutos. Baje el fuego. Con un batidor de alambre o un tenedor, remueva suavemente mientras agrega el miso, la otra cucharadita de Braggs y la leche de coco. Pruebe el guiso y agregue más miso si es necesario. Reparta las hojas tiernas de espinaca y el queso de soja en cuatro platos, y vierta el caldo encima con un cucharón. Para finalizar, adorne con la cebolla verde picada.

## **C**URRY TAILANDÉS AMARILLO

*Prepare la pasta de curry con antelación y guárdela durante cerca de un mes en un recipiente de vidrio herméticamente cerrado. El secreto de la pasta de curry está en tostar las especias en seco.*

| 4 | tallos de cidronela fresca (la encontrará en tiendas de productos asiáticos) |
|---|---|

2   cucharadas de comino entero
2   cucharadas de semillas de cilantro
1   cucharadita de guindillas rojas (sin semillas) troceadas
1   cucharadita de azafrán en polvo
1   cucharadita de canela
1   cucharadita de cardamomo
1/2 cucharadita de asafétida
1/2 taza de puerro, o cebolla, finamente picado
3   cucharaditas de jengibre fresco finamente picado
1   cucharada de aminoácido líquido Braggs o salsa Tamari
1   cucharadita de miso suave

Comience por limpiar los tallos de cidronela. Retire las hojas, dejando unos 7 centímetros del tallo. Separe los extremos de la raíz y quite la parte dura externa. El interior debe ser liso y plano. Con un cuchillo afilado, corte de través hasta obtener tiras muy delgadas. Después, píquelas hasta que se forme una mezcla fina. Este proceso le llevará unos cuantos minutos, pero valdrá la pena el esfuerzo. Ponga la limonaria en un tazón pequeño.

En una sartén caliente, tueste a fuego lento el comino junto con las semillas de cilantro hasta que estén doradas y desprendan su aroma. Asegúrese de moverlas todo el tiempo para que no se quemen. Añada las guindillas y manténgalo todo en el fuego durante un minuto más. Coloque la mezcla de guindillas, comino y semillas de cilantro en el mortero o en el molinillo para especias, tritúrela hasta obtener un polvo fino. Póngalo entonces en un tazón pequeño y téngalo a mano. Tueste luego las especias secas en la sartén caliente durante 1 o 2 minutos, o hasta que estén ligeramente doradas. Asegúrese de moverlas todo el tiempo para que no se quemen. Mézclelas con las semillas del tazón.

En una sartén caliente, saltee los puerros y el jengibre durante 3 minutos. Añada la salsa Braggs o Tamari cuando la mezcla comience a secarse. Incorpore la limonaria y manténgalo todo en el fuego por espacio de 1 o 2 minutos nada más. Añada el puerro con el jengibre a las especias tostadas del tazón. Mezcle muy bien. Con una cuchara pequeña incorpore el miso en la mezcla y continúe mezclando hasta homogeneizar la pasta. Haga presión con la cuchara para incorporar los puerros y las especias. Añada 1/2 cucharadita más de miso, de ser necesario. Si la pasta está muy seca y no se compacta bien, añada 1 cucharada de caldo de verduras. Cuando la mezcla tenga la consistencia de una pasta suave, póngala en un frasco de vidrio y guárdela en la nevera.

*Nota:* Puede hacer la pasta en un robot de cocina.

## CURRY TAILANDÉS AMARILLO CON ZANAHORIA Y VERDURAS

*Siga los pasos de la receta del curry tailandés amarillo. Prepare una ración y consérvela en un frasco de vidrio herméticamente cerrado.*

| | |
|---|---|
| 1 | cucharadita de *ghee* |
| 1 | cucharadita de aceite de sésamo |
| 1 | taza de puerro finamente picado |
| 2 | tazas de zanahorias enteras, cortadas en diagonal |
| 2 | cucharadas de caldo de verduras |
| 4 | cucharadas de pasta de curry tailandés amarillo |
| 4 | tazas de *bok choy* cortado en tiras de 1 centímetro |
| 4 | tazas de col china finamente cortada |
| 1 | cucharada de semillas de sésamo tostadas |

1/2 taza de cilantro fresco picado
1 cucharada de copos de coco tostados
El zumo de dos limones

Caliente el *ghee* y el aceite de sésamo en una sartén grande. Agregue el puerro y saltee durante dos minutos. Añada después la zanahoria y el caldo de verduras, y cocine a fuego lento durante otros 2 minutos. Incorporé la pasta de curry tailandés amarillo y aguarde 2 minutos más. Agregue el *bok choy* y la col china. Mezcle las verduras con el curry hasta que estén transparentes. Aderece con las semillas de sésamo tostadas, el cilantro picado y el coco; rocíe con el zumo de limón.

## PEPINO FRESCO CON ALBAHACA Y HIERBABUENA

3 pepinos pelados, sin semillas, cortados en porciones muy delgadas
1/4 de taza apretada de albahaca fresca, cortada en tiras muy finas
1/4 de taza apretada de hierbabuena fresca, cortada en tiras muy finas
2 cucharadas de cilantro fresco picado
1/2 cucharadita de semillas de cilantro
2 cucharadas de vinagre de arroz
1 cucharadita de semillas de sésamo
1 cucharadita de aminoácido líquido Braggs o salsa Tamari o 1/2 cucharadita de sal

Mezcle todos los ingredientes y déjelos reposar por espacio de una hora antes de servir. Remueva varias veces durante ese tiempo para distribuir el sabor. Sirva como condimento o como ensalada.

## **Arroz basmati con mango**

| | |
|---|---|
| 2 | tazas de arroz basmati orgánico lavado y seco |
| 3 y 3/4 | tazas de agua o caldo de verduras |
| 1 | rama de canela |
| 1/2 | taza de leche de coco |
| 1 | taza de mango maduro fresco, cortado en cubitos (si utiliza mango congelado, descongélelo antes) |
| 1/2 | cucharadita de comino |
| 1/2 | cucharadita de cardamomo |

En una olla con capacidad para 1 litro ponga a hervir el arroz, la rama de canela y el caldo de verduras o el agua. Tape muy bien la olla y baje el fuego. Cocine el arroz a fuego muy lento durante 20 minutos sin destaparlo. Transcurrido ese tiempo, retire la olla del fuego y remueva el arroz con un tenedor; agregue después la leche de coco, los cubitos de mango y las especias. Mézclelo todo con un tenedor hasta unificarlo. Retire la rama de canela antes de servir y mantenga el arroz tapado hasta el último momento.

## **Guiso de plátano y coco**

| | |
|---|---|
| 1 | cucharadita de *ghee* |
| 4 | Plátanos para cocinar pelados y cortados |
| 1/2 | cucharadita de clavo de olor |
| 1/4 | de taza de zumo de manzana |
| 2 | cucharadas de jarabe de arce |
| 1/2 | taza de leche de coco baja en grasa |

Caliente el *ghee* en una sartén, agregue los plátanos cortados y cocine a fuego lento durante 2 o 3 minutos. Añada los clavos y el zumo de manzana. Saltee por espacio de 1 o 2 minutos. Incorpore ahora el jarabe de arce y la leche de coco, de manera que el líquido cubra apenas los plátanos. Añada más zumo de manzana, si es necesario. Cocine a fuego lento durante 10 minutos. Sirva en platos de postre individuales. Si lo desea, puede adornarlos con almendras tostadas y copos de coco.

## **COCINA CHINA**

*Sopa ácida y picante de verduras*
*Festín de Buda*
*Queso de soja marinado con sésamo*
*Arroz hervido*
*Galletas de almendra*

### SOPA ÁCIDA Y PICANTE DE VERDURAS

| | |
|---|---|
| 1 | taza (unos 110 gramos) de queso de soja fresco, bajo en grasa, seco o extra seco, cortado en lonchas finas |
| 3 | cucharadas de aminoácido líquido Braggs o salsa Tamari |
| 1 | cucharadita de *ghee* |
| 1 | cucharadita de aceite de sésamo |
| 1/2 | cucharadita de guindillas rojas (sin semillas) troceadas |
| 1 | taza de berenjena pelada y cortada en juliana |
| 1 | taza de zanahoria cortada fina |
| 4 | tazas de caldo de verduras |
| 2 | cucharadas de vinagre de sidra de manzana |
| 1 | cucharada de arruruz en polvo |
| 1/4 | de taza de agua fría |
| 2 | cucharadas de cebolla verde picada |
| 1 | taza de raíces chinas |

Ponga el queso de soja en un tazón con 1 cucharadita de Braggs. Remueva con un tenedor y déjelo aparte. En una olla sopera, caliente el *ghee* con el aceite de sésamo. Añada las guindillas y luego la berenjena y la zanahoria. Saltee durante 3 o 4 minutos, o hasta que la zanahoria esté casi blanda. Incorpore el caldo de verduras y cocine hasta que rompa a hervir. Agregue entonces el queso de soja, el vinagre y 2 cucharaditas de Braggs. Cocine a fuego lento por espacio de 5 minutos. Aparte, disuelva el arruruz en el agua fría y remuévalo con un tenedor. Añada la mezcla a la sopa, sin dejar de dar vueltas con una cuchara. La sopa comenzará a espesar en un minuto. Apague el fuego. Sirva la sopa en tazones y adorne con la cebolla verde y las raíces chinas.

### **Festín de Buda**

### **Salsa básica para saltear comida china**

*Para 2 tazas*

| | |
|---|---|
| 3 | dientes de ajo (opcional) chafados o 1 cucharadita de ajo en polvo |
| 1 | cucharadita de jengibre fresco rallado o en polvo |
| 1/2 | cucharadita de guindillas rojas (sin semillas) troceadas |
| 1 | cucharada de aceite de sésamo |
| 1 y 1/2 | tazas de caldo de verduras |
| 4 | cucharadas de aminoácido líquido Braggs o salsa Tamari |
| 3 | cucharadas de vinagre de arroz |
| 1 | cucharada de zumo de limón |
| 1 | cucharada de jarabe de arce |
| 1 | cucharadita de mostaza seca |

2   cucharadas de arruruz disueltas en 2 cucharadas de agua

En una olla pequeña saltee ligeramente el ajo, el jengibre y las guindillas con el aceite de sésamo. Añada los demás ingredientes, salvo el arruruz, y espere hasta que hiervan. Baje la llama y vierta el arruruz disuelto. Cocine a fuego lento, sin dejar de mover, hasta que la salsa haya espesado.

## <u>Las verduras predilectas de Buda</u>

*Necesitará aproximadamente 2 tazas de verduras mixtas por persona, es decir, 8 tazas para un total de 4 raciones. Escoja las verduras que desee para sofreír. La lista especifica el orden en el cual deben cocinarse.*

- 1   cucharadita de *ghee*
- 1   cucharadita de aceite de sésamo
- 2   tazas de zanahorias cortadas delgadas en diagonal
- 2   tazas de coliflor picada en trozos pequeños
- 2   tazas de brécol en floretes pequeños (pele también el tallo y córtelo en lonchas)
- 2   tazas de apio cortado en diagonal
- 2   tazas de espárragos cortados en trozos de unos 5 centímetros
- 2   tazas de *bok choy* cortado en diagonal
- 2   tazas de repollo blanco o col china cortado en tiras
- 1   taza de pimiento rojo o verde, cortado delgado fino
- 1   taza de judías enteras
- 2   tazas de raíces chinas
- 2   tazas de espinacas cortadas en tiras finas
- 1   taza de guisantes enteros

Caliente, para sofreír, 1 cucharadita de aceite de sésamo y 1 cucharadita de *ghee*. Reduzca la cantidad si está cocinando para una o dos personas. Sofría hasta que las zanahorias estén blandas, agregando las verduras una por una conforme al orden de la lista. Vierta la salsa sobre las verduras en cuanto estén listas y sirva sobre arroz o sobre fideos. Aderece con semillas de sésamo y con cebolla verde picada.

### QUESO DE SOJA MARINADO CON SÉSAMO

| | |
|---|---|
| 350 g | de queso de soja fresco, bajo en grasa, seco o extra seco, cortado en dados o en lonchas |
| 1/4 | de taza de semillas de sésamo tostadas |

### MARINADA

| | |
|---|---|
| 1/2 | taza de vinagre de arroz |
| 1/2 | taza de aminoácido líquido Braggs o salsa Tamari |
| 2 | cucharadas de jarabe de arce |
| 2 | cucharadas de zumo de limón |
| 1 | cucharadita de comino molido |
| 1 | cucharadita de jengibre molido |
| 1 | cucharadita de aceite de sésamo |

Mezcle los ingredientes. Corte el queso de soja como prefiera y déjelo marinar durante 6 horas o de un día para otro. Pasado ese tiempo, retire el queso de soja de la marinada. Ponga las semillas de sésamo en un tazón pequeño y, con ellas, reboce los trozos de queso de soja que había reservado. Colóquelos luego en una bandeja de horno engrasada con aceite, y hornéelos durante 20 o 30 minutos, hasta que están dorados. Añádalos a las verduras sofritas o utilícelos en cualquier otro plato que requiera trozos de queso de soja.

## ARROZ HERVIDO

1    taza de arroz basmati
2    tazas de agua o caldo de verduras

Ponga a hervir el arroz y el agua. Baje la llama al mínimo y cocine durante 15 o 20 minutos. Remueva con un tenedor y sirva con las verduras sofritas.

## GALLETAS DE ALMENDRA

1    taza de almendras (también puede utilizar cualquier tipo de frutos secos)
1    taza de avena orgánica en copos grandes

Ponga las almendras en el robot de cocina y triture durante 1 minuto. Agregue la avena y continúe trabajando la mezcla hasta obtener una pasta gruesa. Póngala en un recipiente.

1    taza de harina integral de trigo para panadería o harina de arroz
1/2    cucharadita de canela o de nuez moscada
1/2    cucharadita de sal
1/2    taza de jarabe de arce
1/4    de taza de aceite de canola o *ghee*
1/4    de taza de puré de mango, de compota de manzana o de puré de plátano maduro
12-15    almendras enteras

Añada a la mezcla de almendras y avena la harina, la canela y la sal. Mezcle con un batidor de alambre. En otro recipiente, combine el jarabe de arce, el aceite y el mango (o puré de fruta) y mezcle con el batidor de alambre. Amalgame los ingredientes secos y húmedos con la mano (póngase guantes finos o bolsas de plástico). Amase hasta obtener una pasta de consistencia suave. Con ayuda de una cuchara, vierta la mezcla en porciones sobre la bandeja engrasada. Presione suavemente cada galleta con el pulgar y coloque una almendra entera en el centro. Hornee a 350 grados por espacio de unos 20 o 25 minutos o hasta que cojan color.

## **COCINA ITALIANA**

*Sopa de verduras y judías blancas*
*Lasaña de berenjenas y espinacas con pesto*
*Salsa de tomates asados*
*Cocido de garbanzos y judías*
*Zanahorias asadas con romero fresco*
*Sorbete de queso de soja y frambuesas*

### **SOPA DE VERDURAS Y JUDÍAS BLANCAS**

1  taza de judías blancas en remojo desde la noche anterior (tirar el agua y enjuagar antes de cocinar)

Coloque las judías en una olla sopera. Llene la olla con agua hasta 5 centímetros por encima de las judías. Ponga a hervir y deje cocinar hasta que las judías se hayan ablandado, pero no demasiado. Añada cuanta agua sea necesaria para continuar hirviendo a fuego alto. Cuele las judías y resérvalas aparte. Tire el líquido.

1   cucharadita de *ghee* o de aceite de oliva
1   taza de puerros picados

Saltee durante 2 minutos y después agregue, en este orden:

1     taza de apio
1/2   cucharadita de pimienta negra
1     cucharadita de albahaca
1     cucharadita de mejorana
1     cucharadita de eneldo
1     cucharadita de orégano
1     cucharada de aminoácido líquido Braggs
1     taza de zanahoria cortada en tiras de 1/2 centímetro
1     taza de coliflor en floretes pequeños

Saltéelo todo durante 5 minutos, removiendo con frecuencia. Después añada:

1     taza de calabacín
2     tazas de judías blancas cocidas
5-6   tazas de caldo de verduras (suficiente para cubrir 2 centímetros por encima)
2     hojas de laurel

Cocine a fuego lento por espacio de 20 minutos aproximadamente, hasta que las verduras estén blandas.

1   taza apretada de hojas verdes mixtas o de espinacas
2   cucharadas de pasta de tomate orgánico
1   cucharada de albahaca fresca cortada en tiras delgadas
1   cucharada de perejil fresco picado

Agregue las hojas verdes mixtas, la pasta de tomate y las hierbas frescas hacia el final. Remueva hasta que la pasta comience a espesar. Sirva en platos soperos grandes.

### LASAÑA DE BERENJENAS Y ESPINACAS CON PESTO

#### Pesto

- 2 tazas apretadas de hojas de albahaca fresca
- 1 taza de brécol picado grueso y salteado ligeramente en 1 cucharadita de aceite de oliva
- 1/2 taza de piñones (tostados en seco hasta dorar)
- 2 cucharadas de zumo de limón
- 3 cucharadas de aceite de oliva
- 1/2 cucharadita de aminoácido líquido Braggs o de sal

Ponga la albahaca y el brécol salteado en el robot de cocina y triture durante 1 minuto. Añada los piñones, el zumo de limón, el aceite y el Braggs. Trabaje la mezcla hasta lograr un puré de consistencia suave.

#### Pasta

- 9 láminas de pasta fresca o seca de 5 × 18 cm.

Utilice láminas de lasaña fresca o seca, si no la hay. Corte cada lámina fresca en tiras de 5 cm. Utilice la lasaña seca como viene. Ponga a hervir 1 litro de agua en una olla grande y, cuando hierva, incorpore la pasta y cocínela hasta que se ablande. La pasta fresca estará lista a los 2 o 3 minutos y la seca a los 6 o 7 minutos. Escúrrala y métala en un recipiente con agua fría hasta que vaya a utilizarla. Escúrrala de nuevo antes de montar el plato.

## Relleno

- 1 cucharada de hierba italiana
- 2 cucharaditas de pimienta negra
- 1 cucharada de aceite de oliva
- 1 cucharada de aminoácido líquido Braggs
- 1 berenjena grande o dos medianas cortadas en lonchas de 1/2 cm (aproximadamente 18 rodajas); no utilice los extremos
- 1 kilo de espinacas frescas limpias cortadas con las manos y pasadas por agua hirviendo (enjuague con agua fría y deje aparte), o 600 gramos de espinacas congeladas (descongele primero)
- 1 cucharadita de eneldo fresco
- 1 cucharadita de adobo mixto
- 1/2 cucharadita de paprika
- 1/4 de taza de miga de pan

Mezcle la hierba italiana, 1 cucharadita de pimienta, el aceite y el Braggs. Ponga la berenjena en un recipiente grande y rocíela con la mezcla de aceite. Remueva la berenjena hasta que todas las rodajas queden bien cubiertas. Extienda la berenjena en una bandeja de hornear y manténgala en el horno durante 20 minutos o hasta que esté casi blanda. Retírela del horno y déjela enfriar. Ponga las espinacas en un recipiente y añada el eneldo, el adobo mixto y la otra cucharadita de pimienta. En otro recipiente, mezcle la paprika y la miga de pan con la mano (póngase guantes desechables o bolsas de plástico en las manos para garantizar la higiene) y ponga la mezcla aparte.

## Para montar el plato

Engrase ligeramente con aceite de oliva o *ghee* una bandeja de 16 × 16 cm. Ponga en el fondo tres tiras de pasta y, sobre éstas, la mitad de la berenjena, formando una capa.

Extienda la mitad del pesto sobre la berenjena. Ponga la mitad de la espinaca sobre el pesto y, si lo desea, cubra con queso rallado. Ponga otras tres tiras de pasta encima y presione con los dedos. Extienda el resto de la berenjena, el pesto y la espinaca de la misma forma. Coloque el resto de la pasta sobre la espinaca, y presione con las yemas de los dedos. Esparza aceite de oliva o *ghee* encima de la lasaña, rocíe con la paprika y la miga de pan. Cubra con papel parafinado y de aluminio. Hornee a 350 grados durante 30 minutos. Sirva con la salsa de tomates asados.

### SALSA DE TOMATES ASADOS

*Para 1 litro aproximadamente*

| | |
|---|---|
| 12 | tomates pequeños lavados y con un corte pequeño en «X» en la parte superior (sin los extremos) |
| 1/4 | de taza de aceite de oliva |
| 1 | cucharadita de pimienta negra |
| 4 | ramas de romero fresco sin el tallo |
| 1 | cucharada de albahaca seca |
| 1 | cucharadita de tomillo seco |
| 1 | cucharada de vinagre balsámico |

Para asar los tomates: mezcle los tomates con los otros ingredientes en un recipiente hondo y después colóquelos en una bandeja. Póngala en el horno a 350 grados durante 20 o 30 minutos o hasta que los tomates estén blandos y puedan pelarse con facilidad. Déjelos enfriar y retire la piel. Rompa los tomates con la mano y deseche las semillas. Póngalos en un colador para que pueda recoger el zumo en un recipiente y déjelos escurrir.

| | |
|---|---|
| 1 | cucharada de *ghee* o de aceite de oliva |
| 1/2 | cucharadita de guindillas rojas (sin semillas) troceadas |

1   cucharadita de pimienta negra
2   tazas de puerro o chalotas picadas

Ponga el *ghee* y las especias en una olla con capacidad para 4 litros, precalentada; agregue los puerros y saltee hasta que se ablanden. Añada los tomates y cocine a fuego muy lento durante 30 minutos o una hora. Incorpore el resto de los ingredientes, salvo el perejil y la albahaca, mientras se cocina la salsa.

1/2   taza de pimiento rojo asado, fresco o enlatado, picado
1     cucharadita de vinagre balsámico
1/4   de taza de perejil fresco picado
1/2   taza de albahaca fresca, cortada en tiras muy finas

Retire del fuego, añada el perejil y la albahaca, y haga un puré con un batidor manual.

## Cocido de garbanzos y judías

1   taza de garbanzos dejados en remojo durante la noche

Ponga los garbanzos en una olla sopera y llénela con agua hasta 5 centímetros por encima de los garbanzos. Póngala a hervir hasta que los garbanzos se ablanden, pero no demasiado. Agregue más agua si es necesario para prolongar la ebullición a fuego alto. Escurra los garbanzos y resérvelos. Deseche el líquido.

1   cucharadita de *ghee* o de aceite de oliva
1   taza de puerros picados
1   cucharadita de pimienta negra

| | |
|---|---|
| 1 | cucharadita de aminoácido líquido Braggs o salsa Tamari |
| 2 | tazas apretadas de judías, sin las puntas y cortadas en trozos |
| 1 | cucharadita de albahaca seca |
| 1 | cucharadita de orégano |
| 1 | cucharadita de eneldo seco |
| 1/2 | taza de caldo de verduras |
| 1 y 1/2 | tazas de tomates frescos cortados en daditos o tomates orgánicos enlatados |
| 2 | tazas de garbanzos cocidos |

Caliente el *ghee* o el aceite de oliva en una sartén o en una cazuela poco honda y agregue los puerros. Añada la pimienta y el Braggs. Cocine a fuego lento por espacio de dos minutos. Después, agregue las judías y las especias. Incorpore 1/4 de taza de caldo de verduras y cocine a fuego lento durante 3 o 4 minutos. Añada los tomates, los garbanzos y el resto del caldo de verduras. Sin subir el fuego, cocine hasta que las judías estén blandas. La mayor parte del líquido se absorberá.

### ZANAHORIAS ASADAS CON ROMERO FRESCO

| | |
|---|---|
| 1 | cucharadita de *ghee* o de aceite de oliva |
| 1 | cucharadita de curry en polvo |
| 1 | cucharadita de eneldo seco |
| 1 | cucharadita de nuez moscada |
| 1 | cucharada de hojas frescas de romero sin el tallo y cortadas gruesas |
| 1 | cucharadita de aminoácido líquido Braggs o salsa Tamari |
| 6 | zanahorias grandes, peladas y cortadas en dados de 2 centímetros |

Mezcle todo, exceptuando las zanahorias, en un recipiente hondo grande. Añada las zanahorias y remueva con las manos hasta que queden bien cubiertas. Extienda las zanahorias en una bandeja o fuente engrasada y hornee a 350 grados durante unos 20 minutos, hasta que se ablanden.

### Sorbete de queso de soja y frambuesas

| | |
|---|---|
| 300 g | de frambuesas congeladas (orgánicas) |
| 300 g | de fresas congeladas (orgánicas) |
| 350 g | de Mori Nu o queso de soja cremoso bajo en grasa, seco o extra seco. |
| 1/4 | de taza de jarabe de arce |
| 1 | cucharadita de extracto de vainilla |
| 1/4 | de cucharadita de clavos de olor |
| | Copos de coco tostados |
| | Almendras en láminas tostadas |

Ponga las frutas en el robot de cocina y triture hasta que estén casi deshechas. Añada el queso de soja y continúe trabajando la mezcla hasta que obtenga un puré. Agregue el jarabe de arce, la vainilla y los clavos. Siga mezclando hasta que consiga una textura suave. Ponga la mezcla en platos hondos de postre y adorne con los copos de coco y las almendras tostadas. Guarde la cantidad sobrante en el congelador.

# **COCINA MEXICANA**

*Sopa de tortillas con aguacate y cilantro*
*Enchiladas de alubias negras y boniato*
*Arroz español*
*Salsa de mango y tomate*
*Flan de vainilla con jarabe de arce*

## **SOPA DE TORTITAS CON AGUACATE Y CILANTRO**

| | |
|---|---|
| 2 | cucharaditas de *ghee* |
| 1 | taza de puerros picados |
| 1 | cucharadita de aminoácido líquido Braggs o salsa Tamari |
| 1 | cucharadita de pimienta negra |
| 1/2 | cucharadita de guindillas rojas (sin semillas) troceadas |
| 1 | cucharadita de guindilla en polvo (suave) |
| 1 | cucharadita de comino |
| 1 | taza de zanahorias cortadas en trozos medianos |
| 1/2 | taza de pimiento verde picado |
| 4 | tazas de caldo de verduras |
| 1 | taza de maíz, fresco o congelado (orgánico) |
| 1/4 | de taza de pimiento rojo fresco o de frasco, cortado |
| 2 | tortillas de maíz cortadas en tiras delgadas de 2 centímetros |
| 1 | taza de aguacate fresco cortado a dados |
| 1/4 | de taza apretada de cilantro picado |
| | Varias ramas de cilantro con el tallo (para adornar) |

Caliente 1 cucharadita de *ghee* en una olla sopera. Agregue los puerros y después el Braggs, la pimienta y las demás especias. Saltee durante 1 minuto. Incorpore luego las zanahorias y el pimiento verde. Saltee por espacio de 2 minutos y agregue 1/2 taza de caldo de verduras. Cocine a fuego lento durante 4 o 5 minutos más. Añada el maíz, el pimiento asado y el resto del caldo. Cocine con poco fuego hasta que las zanahorias estén casi blandas. En una sartén pequeña, caliente la cucharadita restante de *ghee* y añada las tortillas. Sofría rápidamente las tortillas hasta que estén crujientes. Retírelas del fuego y mézclelas con la sopa junto con el cilantro picado. Divida el aguacate en partes iguales para cada plato. Sirva la sopa sobre el aguacate y adorne con las ramas de cilantro.

### ENCHILADAS DE ALUBIAS NEGRAS Y BONIATO

| | |
|---|---|
| 1 | taza de alubias negras dejadas en remojo desde el día anterior, o 350 gramos de alubias negras orgánicas |
| 2 | tazas de boniatos pelados y cortados en dados pequeños |
| 1 | cucharadita de *ghee* |
| 1 | taza de puerros picados |
| 1 | cucharadita de pimienta negra |
| 1/2 | cucharadita de guindillas rojas (sin semillas) troceadas |
| 1 | cucharada de aminoácido líquido Braggs o salsa Tamari |
| 1 | taza de espinacas o de acelgas picadas |
| 1/2 | cucharadita de canela |
| 1 | cucharadita de orégano |
| 1 | cucharadita de comino |
| | Caldo de verduras |
| 1/4 | taza de cilantro picado sin tallos |

Si utiliza alubias secas, póngalas en una olla de 3 o 4 litros y cúbralas por lo menos con 8 centímetros de agua.

Cocínelas durante 1 hora aproximadamente, hasta que se ablanden. Reponga el agua según vaya necesitando. Escurra las alubias cuando estén listas. En otra olla, ponga a hervir 2 litros de agua, añada los boniatos y déjelos hervir durante 5 minutos hasta que estén blandos. Escúrralos y resérvalos.

En una cazuela poco honda, caliente el *ghee* y añada los puerros, la pimienta, las guindillas y el Braggs. Cocine a fuego lento por espacio de 2 o 3 minutos. Baje el fuego e incorpore las alubias y los boniatos previamente cocidos. Cocine con poca llama. Agregue algo de caldo de verduras en caso de que la mezcla se seque demasiado.

Añada las hojas verdes, sin dejar de cocinar, y luego las especias restantes. Con un tenedor, aplaste suavemente los ingredientes mientras los guisa. Por último, ponga el cilantro y retire la olla del fuego. Déjela aparte.

### SALSA PARA ENCHILADA

*Puede comprar una salsa orgánica para enchiladas*
*de buena calidad en una tienda naturista, o prepararla*
*de la forma siguiente:*

| | |
|---|---|
| 1 | cuharadita de *ghee* |
| 1 | taza de puerros o de cebolla |
| 1 | cucharadita de pimienta negra |
| 1 | cucharadita de aminoácido líquido Braggs o salsa Tamari |
| 3 | tazas o 5 tomates medianos picados (sin piel y sin semillas, si lo prefiere) |
| 1 | cucharadita de comino |
| 1 | cucharadita de semillas de cilantro |
| 2 | cucharaditas de guindilla en polvo |
| 1 | taza de zumo de tomate o de caldo de verduras |
| 1 | paquete de 12 tortillas de maíz |

Caliente el *ghee* en una olla para saltear; añada los puerros o las cebollas, la pimienta y el Braggs. Cocine a fuego lento durante 2 o 3 minutos. Cuando comiencen a dorar, añada los tomates y el resto de las especias. Agregue lentamente el zumo y continúe cocinando por espacio de 20 a 30 minutos, hasta que reduzca. Pase la mezcla por la licuadora o utilice una batidora manual para hacer puré. La salsa debe quedar suave y un poco espesa. Caliente las tortillas en una sartén, una por una. Ponga un poco de salsa en una cazuela poco honda y sumerja las tortillas calientes por lado y lado. Luego, póngalas en una fuente o bandeja de hornear engrasada. Rellene las tortillas y enróllelas, doblando las puntas. Vierta la salsa restante sobre las tortillas y hornéelas, tapadas, a 350 grados durante 20 a 30 minutos. Puede agregar también queso de leche o de soja si lo desea. Para finalizar, adorne con cilantro fresco picado.

### ARROZ ESPAÑOL

| | |
|---|---|
| 1 | taza de arroz basmati orgánico, lavado |
| 2 | tazas (más 1 cucharada) de caldo de verduras |
| 1 | cucharadita de *ghee* |
| 1/2 | taza de puerros o cebollas |
| 1/2 | cucharadita de pimienta negra |
| 1 | cucharadita de aminoácido líquido Braggs o salsa Tamari |
| 1 | cucharadita de paprika |
| 1 | cucharadita de guindilla en polvo |
| 1 | cucharadita de comino |
| 1/2 | taza de maíz fresco u orgánico congelado (descongélelo previamente) |
| 1/2 | taza de guisantes frescos u orgánicos congelados (descongele previamente) |

Mezcle el arroz con las 2 tazas de caldo y cocine en la cazuela o en el horno hasta que el arroz se ablande. Caliente el *ghee* en una olla o sartén para saltear. Agregue los puerros, la pimienta y el Braggs hasta que los puerros se doren ligeramente. Añada las especias restantes, el maíz, los guisantes y la cucharada de caldo de verduras. Cocine a fuego lento durante 1 minuto. Añada la paprika y mézclela con el arroz.

## SALSA DE MANGO Y TOMATE

- 1 taza de mango o de papaya en dados
- 1/4 de taza de zumo de naranja o de manzana
- 1/4 de taza poco llena de cilantro picado
- 1/4 de taza de puerros (o cebolla verde) picados (saltee ligeramente los puerros antes)
- 1 cucharada de zumo de limón
- 1 cucharada de jarabe de arce
- 1 cucharadita de semillas de cilantro
- 1/2 cucharadita de condimentos mixtos
- 1/2 cucharadita de canela
- 1/2 cucharadita de nuez moscada
- 1/2 cucharadita de cardamomo triturado
- 1/2 cucharadita de pimienta roja de cayena triturada

Mezcle todos los ingredientes y póngalos luego en la nevera para que se enfríen. Sirva a continuación.

## FLAN DE VAINILLA CON JARABE DE ARCE

- 350 g de queso de soja cremoso bajo en grasa, seco o extra seco
- 1/4 de taza de jarabe de arce

| | |
|---|---|
| 2 | cucharaditas de extracto de vainilla |
| 2 | cucharaditas de arruruz en polvo |
| | Una pizca de clavo |
| 6 | cucharaditas de azúcar moreno |
| 6 | cucharaditas de jarabe de arce |

Licúe o trabaje en el robot de cocina los primeros cinco ingredientes, hasta lograr una mezcla suave. Engrase 6 platos para hornear. Divida la mezcla de queso de soja en los 6 platos y hornee a 350 grados durante 15 minutos. Retire del horno y espolvoree encima de cada plato una cucharadita de azúcar y vierta 1 cucharadita de jarabe de arce. Ponga de nuevo en el horno por espacio de 5 minutos los platos o hasta que los flanes estén dorados. Sírvalos calientes.

## **COCINA FRANCESA**

*Crema de espárragos*
*Pastel de espinacas, puerros y patatas*
*Almondine de judías cocidas*
*Acelgas y rúcula con aliño de limón y estragón*
*Peras cocidas con moras*

### **CREMA DE ESPÁRRAGOS**

| | |
|---|---|
| 2 | cucharaditas de *ghee* |
| 2 | puerros grandes picados |
| 1 | cucharadita de pimienta negra |
| 1 | cucharadita de aminoácido líquido Braggs o salsa Tamari |
| 100 g | de patatas de piel blanca, peladas y cortadas en dados |
| 1 | cucharada de estragón |
| 1 | cucharadita de tomillo |

| | |
|---|---|
| 300 g | de espárragos (desechar los primeros 3 centímetros de la base) cortados en trocitos de 2 centímetros |
| 4-6 | tazas de caldo de verduras para cubrir las patatas en la olla |
| 1/2 | cucharadita de nuez moscada |
| 2 | cucharadas de perejil picado |

Caliente el *ghee* en una olla grande. Saltee los puerros y añada la pimienta y el Braggs. Deje pochar a fuego lento y, luego, agregue las patatas, el estragón y el tomillo. Saltéelos hasta que las patatas se doren. Añada los trozos de espárragos y cubra con el caldo de verduras. Cocine a fuego lento, hasta que se ablanden las patatas. Con una licuadora manual o eléctrica, o en el robot de cocina, licúe hasta lograr una crema suave. Adorne la sopa con nuez moscada y perejil.

## <u>Pastel de espinacas, puerros y patatas</u>

### <u>Base</u>

| | |
|---|---|
| 1 y 1/2 | tazas de harina blanca orgánica o harina de trigo integral para repostería |
| 1/2 | cucharadita de sal |
| 1/2 | taza de mantequilla (o margarina de soja) congelada y cortada en cubitos |
| 1 | cucharadita de zumo de limón o de vinagre |
| 1/2 | taza de agua muy fría |

Coloque la cuchilla en forma de «S» en el robot de cocina. Ponga la sal y la harina y encienda el robot. Comience a agregar los trocitos de mantequilla poco a poco. Trabaje la masa hasta que parezca una pasta consistente. Añada el zumo de limón y mezcle un poco más. Con el robot en funcionamiento, vierta muy despacio el agua sobre la mezcla hasta que se forme una masa dura. Después, ponga la masa sobre la encimera previamente enharinada y amásela hasta formar un disco plano. Con el rodillo, extienda la masa en forma regular. Colóquela luego en un molde pastelero de 20 centímetros. Con los dedos, presione la masa hacia los extremos y levante un reborde de 1 centímetro contra la pared del molde. Coloque la masa en la nevera hasta que la tarta esté lista para completar.

## **Relleno**

- 2 cucharaditas de *ghee* o de aceite de oliva
- 4 patatas de piel roja medianas, cortadas en rodajas muy delgadas
- 2 puerros grandes cortados en rodajas delgadas
- 1 cucharadita de pimienta negra
- 1 cucharadita de albahaca seca
- 1 cucharadita de salvia seca
- 2 cucharaditas de aminoácido líquido Braggs o salsa Tamari
- 4 tazas apretadas de espinacas orgánicas o unos 300 g de espinacas congeladas picadas (descongélelas previamente)
- 1 cucharadita de eneldo seco
- 1 cucharadita de mejorana seca
- 300 g de queso de soja cremoso bajo en grasa, seco o extra seco
- 1/4 o 1/2 taza de caldo de verduras
- 1 cucharada de arruruz disuelto en 1 cucharada de agua

Caliente 1 cucharadita de *ghee* en una sartén grande y saltee ligeramente las patatas hasta que se doren por ambos lados. Retírelas y déjelas aparte. Caliente otra cucharadita de *ghee* en la sartén y saltee los puerros con la pimienta, la albahaca, la salvia y 1 cucharadita de Braggs. Procure que los anillos de puerro no se desmonten y saltéelos hasta que estén dorados. Retírelos de la sartén y resérvelos. Si utiliza espinacas frescas, caliente de nuevo la sartén y saltee las espinacas hasta que pierdan la turgencia. Retírelas del fuego y colóquelas en un recipiente grande. Añada las hierbas y mezcle suavemente. En la licuadora, licúe el queso de soja, agregando el caldo muy despacio. Añada el arruruz disuelto y la cucharadita restante de Braggs. Licúe hasta obtener una pasta de consistencia suave. Si la mezcla está demasiado espesa, incorpore un poco más de caldo. Añada 1/2 taza de la mezcla de queso de soja a las espinacas y remueva bien.

*Para montar el pastel:* ponga los puerros dorados en el fondo de la base refrigerada. Extienda una capa de la mezcla de espinacas sobre los puerros y sobre éstas, vierta la mezcla de queso de soja. Esta capa debe apenas cubrir las espinacas y tener un espesor de 1/2 centímetro. Guarde la mezcla sobrante para otra ocasión. Ponga las patatas encima, formando un dibujo circular o rectangular. Espolvoree paprika, eneldo y nuez moscada sobre el pastel para darle color. Hornee a 350 grados durante 35 minutos o hasta que al insertar un cuchillo éste salga limpio y las patatas estén doradas.

## __ALMONDINE DE JUDÍAS COCIDAS__

| | |
|---|---|
| 1 | cucharadita de *ghee* |
| 2 | puñados grandes de judías frescas orgánicas |
| 1 | cucharadita de comino |
| 1 | cucharadita de vinagre balsámico |
| 1/4 | de taza de almendras fileteadas y tostadas en el horno |
| | Caldo de verduras |

Caliente el *ghee* en una sartén para saltear y agregue las judías. Añada el comino y siga cocinando a fuego lento. Si las judías se secan demasiado, añada 1 cucharadita de caldo de verduras y cocínelas hasta que estén casi blandas. Justo antes de servir, añada el vinagre balsámico y remueva bien. Espolvoree las almendras sobre cada plato o en la fuente de servir.

### Acelgas y rúcula con aliño de estragón y limón

1  manojo de acelgas de tallo rojo, lavadas
1  taza de rúcula lavada sin tallos
1/4  de taza de caldo de verduras
2  cucharadas de aliño de estragón y limón

Caliente una cazuela baja y saltee sin aceite las acelgas y la rúcula hasta que pierdan la turgencia. Agregue caldo sólo si la cazuela está muy caliente y las hojas comienzan a dorarse. Añada el aliño de estragón y limón.

### Aliño de estragón y limón

1/4  de taza de perejil picado
1  cebolla verde picada
1/4  de taza de zumo de limón
1  cucharadita de mostaza de Dijon
1  cucharada de estragón
2  cucharadas de jarabe de arce
1  cucharadita de aminoácido líquido Braggs
1/4  de taza de zumo de manzana
1/4  de taza de aceite de oliva

Mézclelo todo, salvo el aceite, en la licuadora. Agregue luego, muy despacio, el aceite con la licuadora encendida, hasta que el aderezo espese ligeramente.

## **PERAS COCIDAS CON MORAS**

| | |
|---|---|
| 1 | taza de concentrado de zumo de manzana orgánico |
| 2 | peras Bosc o d'Anjou cortadas por la mitad, peladas y sin corazón |
| 1/2 | cucharadita de clavos enteros |
| 2 | ramitas de canela |
| 1 | cucharada de zumo de limón |
| 2 | cucharadas de arándanos rojos secos |
| 300 g | de moras orgánicas congeladas o frescas |
| 1-2 | cucharadas de jarabe de arce |
| | Canela o nuez moscada para adornar |

Caliente el concentrado de zumo de manzana en una cazuela baja. Añada las peras, los clavos, las ramitas de canela, el zumo de limón y los arándanos. Cocine a fuego lento, hasta que las peras se ablanden. Si el líquido se reduce y las peras quedan descubiertas, añada más zumo de manzana o agua para que siempre estén sumergidas. En otra sartén precalentada, saltee las moras a fuego suave para que se deshagan y hagan zumo. Añada un poco de zumo de manzana si necesita más líquido. Agregue el jarabe de arce justo antes de servir, calculando la cantidad en función de la acidez de las moras. A la hora de servir: retire las peras del líquido (guárdelo para otra ocasión). Ponga una pera en el centro de cada plato de postre individual y vierta encima las moras con algo de su zumo. Para adornar, espolvoree canela o nuez moscada.

# COCINA DE *BISTRO* AMERICANO

*Sopa de zanahorias con cilantro*
*Rissotto de cebada y verduras asadas*
*Chutney de arándanos rojos y boniato*
*Ensalada de hojas verdes orgánicas con vinagreta*
*de manzana*
*Mousse de queso de soja con cacao y praliné de almendras*

### SOPA DE ZANAHORIAS CON CILANTRO

| | |
|---|---|
| 1 | cucharadita de *ghee* |
| 1 | taza de puerros picados |
| 1 | cucharada de jengibre fresco picado |
| 1 | cucharadita de pimienta negra |
| 1/2 | cucharadita de guindillas rojas (sin semillas) troceadas |
| 1 | cucharada de aminoácido líquido Braggs o salsa Tamari |
| 3 | tazas de zanahorias cortadas en dados |
| 1/4 | de taza de uvas pasas amarillas |
| 2 | cucharadas de semillas de cilantro secas |
| 1 | cucharadita de comino |
| 1 | cucharadita de asafétida |
| 4-5 | tazas de caldo de verduras |
| 1 | cucharadita de zumo de limón |
| 1 | taza de leche de coco baja en grasa |
| 2 | cucharadas de perejil o de cilantro |

Caliente el *ghee* en una olla sopera y añada los puerros y el jengibre. Agregue la pimienta, las guindillas y 1 cucharadita de Braggs. Después, las zanahorias y las uvas pasas. Saltee durante 2 o 3 minutos. Incorpore las semillas de cilantro, el comino, la asafétida y el resto del Braggs. Continúe salteando durante 3 o 5 minutos, hasta que se dore la mezcla ligeramente. Si se seca demasiado, añada un poco de caldo. Agregue el caldo de verduras hasta cubrir y deje hervir la sopa. Cocine hasta que las zanahorias se ablanden. Pase la sopa por el chino o por una licuadora. Añada el limón y la leche de coco antes de servir. Adorne con cilantro o perejil fresco picado.

## **Rissotto de cebada y verduras asadas**

### **Cebada**

1   cucharadita de *ghee* o de aceite de oliva
3   puerros medianos picados
6-8 tazas de caldo de verduras, condimentado con hierbas y puerros
1   cucharadita de aminoácido líquido Braggs o salsa Tamari
1   cucharadita de vinagre balsámico
1   cucharada de albahaca seca
1   cucharadita de pimienta negra
2   tazas de cebada perlada orgánica

En una cazuela para dorar previamente caliente, ponga el *ghee* y los puerros. Saltee durante 1 minuto y luego agregue 2 cucharadas de caldo de verduras, el Braggs, el vinagre, la albahaca y la pimienta. Saltee hasta que los puerros queden transparentes. Agregue la cebada. Con una cuchara grande, dé vueltas a la cebada hasta que se dore, sin permitir que se seque demasiado. Agregue 1/2 taza de caldo de ser necesario. Saltee un poco más, hasta que la cebada adquiera color de caramelo. Siga añadiendo 1/2 taza de caldo cada vez que se seque la mezcla. Agregue siempre caldo suficiente para cubrir la cebada mientras cocina. Tenga a mano una tapa durante el proceso de cocción. Mire y remueva la cebada cada pocos minutos para asegurarse de que hay suficiente líquido en la cazuela y que la cebada queda cubierta. El proceso tardará unos 30 minutos a fuego vivo.

### Verduras asadas

2 zanahorias
2 calabacines
1 berenjena mediana
1 cucharada de aceite de oliva
1 cucharada de aminoácido líquido Braggs o salsa Tamari
1 cucharada de vinagre balsámico
1 cucharadita de pimienta negra
1 cucharada de condimento italiano

Retire las puntas de las zanahorias, de los calabacines y de la berenjena. Corte las verduras por la mitad y después en rodajas de 1/2 centímetro. Aparte, mezcle el aceite, el Braggs, el vinagre, la pimienta y el condimento italiano en un cuenco grande con ayuda de un batidor de alambre. Añada las verduras y recúbralas con la mezcla. Extiéndalas sobre un molde engrasado. Déjelas en el horno por espacio de 30 minutos a 350 grados. También puede asarlas en una parrilla o en una barbacoa al aire libre. Una vez listas, han de enfriar.

### Para montar el plato

1/2 taza de pimientos rojos asados, frescos o de frasco
1 taza de alubias blancas cocidas o 1 lata (escurridos)
1 cucharada de romero fresco picado
1 cucharada de hierbabuena fresca picada
2 cucharadas de albahaca fresca cortada en tiras delgadas

1    taza de tomates picados
1/4  de taza de perejil picado

Mientras se cocina la cebada y el líquido se va secando, continúe agregando caldo hasta que la cebada esté blanda, según sea su gusto. Tenga cuidado de no cocinarla demasiado. Corte las verduras asadas en trozos de 2 centímetros y añádalas a la cazuela de la cebada cocida. Incorpore luego los pimientos rojos asados y las alubias blancas cocidas. Agregue el romero, la hierbabuena y la albahaca a la cazuela. Mézclalo todo con ayuda de una cuchara. Ponga el rissotto en una bonita bandeja y adórnelo con perejil fresco picado y tomates. Añada su queso rallado favorito para realzar el sabor.

## CHUTNEY DE ARÁNDANOS ROJOS Y BONIATO

1    cucharadita de *ghee*
1/2  taza de puerros o chalotas picadas
1    cucharadita de pimienta negra
1    cucharadita de aminoácido líquido Braggs o salsa Tamari
2    tazas de boniato cortado en trozos pequeños
1    taza de arándanos rojos secos
1    lata de concentrado de zumo de manzana orgánico, congelado
1/2  cucharadita de clavos de olor enteros
3    ramitas de canela
1/2  cucharadita de cardamomo seco
1    cucharada de vinagre balsámico
1    cucharadita de vinagre de sidra de manzana
1/2  cucharadita de semillas de cilantro

En una cazuela poco honda, caliente el *ghee* y los puerros. Saltee durante 1 minuto y después agregue la pimienta, el Braggs y los boniatos. Cocine durante 3 o 4 minutos más. Añada los arándanos y el zumo de manzana. Cuando el concentrado de zumo comience a derretirse, añada los clavos y las ramitas de canela. Agregue el cardamomo, el vinagre balsámico, el vinagre de sidra de manzana y las semillas de cilantro una vez que se haya licuado el zumo y esté hirviendo. Cocine a fuego lento durante 1 hora. El líquido debe reducirse hasta presentar una consistencia suave pero espesa.

Puede servir caliente o helado.

## ENSALADA DE HOJAS VERDES ORGÁNICAS CON VINAGRETA DE MANZANA

1   manzana Granny Smith grande, picada
1   cucharada de zumo de limón diluida en 1/2 taza de agua
1/4 de taza de almendras tostadas
3   tazas de hojas verdes orgánicas
1   taza de espinacas lavadas
1/4 de taza de queso *feta* desmenuzado
1/2 taza de tomates *cherry* o de tomate pera amarillo
1   taza de brotes de alfalfa o de girasol

### Aderezo

1   taza de zumo de manzana
1/4 de taza de vinagre balsámico
1/4 de taza de miel de abejas
1   cucharadita de estragón
1   cucharadita de tomillo
2   cucharadas de perejil picado
2   cucharadas de albahaca picada
1/4 de taza de aceite de oliva

Sumerja las manzanas picadas en el agua con limón.

Ponga las almendras en una fuente o bandeja y tuéstelas en el horno durante 20 minutos o saltéelas ligeramente en una sartén.

Mezcle los ingredientes del aderezo en la licuadora, exceptuando el aceite de oliva. Licúe hasta que tengan una consistencia suave. Añada poco a poco el aceite de oliva hasta que la mezcla comience a espesar.

Ponga las hojas verdes, las manzanas escurridas, el queso *feta* y los tomates en la ensaladera. Añada el aderezo y dé vueltas. Sirva la ensalada en una fuente y adórnela con almendras y brotes de girasol o de alfalfa.

### MOUSSE DE QUESO DE SOJA CON CACAO Y PRALINÉ DE ALMENDRAS

| | |
|---|---|
| 2 | cucharadas de mantequilla sin sal, *ghee* o aceite de canola (para un postre vegetariano) |
| 2 | cucharadas de zumo de manzana |
| 1 | taza de trocitos de chocolate semiamargo |
| 2 | cucharaditas de extracto de vainilla |
| 350 g | de queso de soja cremoso bajo en grasa, seco o extra seco |
| 1/4 | de taza de jarabe de arce |
| 2 | cucharaditas de extracto de vainilla |
| | Coco o fruta fresca para adornar |

En una olla pequeña, derrita el *ghee* y el zumo de manzana con los trocitos de chocolate y la vainilla. Remueva sin cesar para que no se pegue. Si lo desea, cocine al baño María. Cuando el chocolate esté derretido, retire la olla del fuego y mezcle hasta conseguir una pasta de consistencia cremosa. Resérvela.

Mezcle en el robot de cocina el queso de soja con el jarabe y el extracto de vainilla. Licúe a alta velocidad durante 1 minuto. Con ayuda de una espátula limpie e incorpore la pasta que queda en las paredes del robot y siga mezclando hasta que tenga aspecto de crema. Añada el chocolate derretido y trabaje la pasta hasta que quede suave y homogénea. Sirva la mousse con cuchara en platos de postre pequeños o guárdela en un recipiente hermético para enfriarla en la nevera.

### Praliné de almendras

1     cucharada de *ghee*
2     cucharadas de jarabe de arce
1     taza de almendras en láminas

Caliente el *ghee* y el jarabe de arce en una cazuela pequeña. Añada las almendras. Dé vueltas para que queden bien cubiertas y saltéelas hasta que se doren. Retírelas del fuego y déjelas enfriar. Adorne la mousse con el praliné de almendras y coco o fruta fresca.

## COCINA DE ORIENTE MEDIO

*Sopa de lentejas con espinacas*
*Hummus*
*Tabbule de quinua*
*Raita de queso de soja cremoso, pepino y hierbabuena*
*Ratatouille*
*Triángulos de pasta filo con nueces y jarabe de arce*

### SOPA DE LENTEJAS CON ESPINACAS

1     cucharadita de *ghee*
1/2    cucharadita de guindillas rojas (sin semillas) troceadas

| | |
|---|---|
| 3 | dientes de ajo (opcionales) |
| 1 | cucharadita de jengibre |
| 2 | tazas de puerros o cebollas |
| 1/2 | cucharadita de pimienta negra |
| 1 | cucharadita de romero fresco picado |
| 1 | cucharada de aminoácido líquido Braggs o salsa Tamari |
| 1/2 | taza de trigo |
| 1 | cucharadita de comino |
| 1/2 | cucharadita de condimentos mixtos |
| 1 | taza de lentejas escogidas y lavadas |
| 5 | tazas de caldo de verduras |
| 2 | hojas de laurel |
| 2 | cucharadas de pasta de tomate |
| 4 | tazas de espinacas frescas picadas |

Caliente el *ghee* en una olla sopera y añada las guindillas, el ajo, el jengibre y los puerros. Agregue la pimienta, el romero y el Braggs. Cocine durante 2 o 3 minutos. Añada el trigo y saltéelo hasta que esté dorado. Añada el comino y los condimentos mixtos, y cocine a fuego lento. Incorpore las lentejas lavadas, el caldo y las hojas de laurel. Deje hervir la sopa. Añada el concentrado de tomate, baje el fuego y cocine así hasta que las lentejas estén blandas. Agregue las espinacas y cocine apenas hasta que pierdan la turgencia. Sirva en platos individuales sobre el siguiente aderezo:

| | |
|---|---|
| 1/4 | de taza de perejil fresco picado |
| 2 | tazas de tomates picados |
| 2 | dientes de ajo fresco picados finos (opcional) |

Mezcle el perejil, los tomates y el ajo (opcional) y póngalos en los platos. Vierta la sopa encima.

## Hummus

1/4 de taza de perejil picado
1 cebolla verde grande picada o 1 cucharada de puerros picados
2 cucharaditas de ajo picado fino o 1 cucharadita de ajo en polvo
1 taza de garbanzos remojados desde la noche anterior y cocidos (blandos)
2 cucharadas de tahini
2 cucharadas de zumo de limón
2 cucharaditas de aminoácido líquido Braggs o salsa Tamari
1 cucharadita de comino
1/4 de cucharadita de pimienta de Cayena
1 cucharadita de eneldo seco

Ponga el perejil, la cebolla verde y el ajo en el robot de cocina y píquelo todo. Añada el resto de los ingredientes y trabaje la mezcla hasta que quede suave. Añada zumo de limón y/o especias al gusto. El hummus debe tener una consistencia suelta, pero formar una masa uniforme.

## Tabbule de quinua

1 taza de quinua
2 tazas de agua hirviendo
1 cucharadita de *ghee* o de aceite de oliva
1/2 taza de puerros, o cebollas, picados
1/4 de taza de caldo de verduras
2 tazas de tomates cortados en daditos o cualquier combinación de verduras cortadas en cubos pequeños (calabacín, calabaza, zanahoria, boniato)
1 taza de garbanzos, o alubias blancas, cocidos

| | |
|---|---|
| 1/4 | de taza de hierbabuena fresca picada |
| 1/2 | taza de perejil italiano fresco picado |
| 2 | cucharadas de aceitunas Kalamata picadas, sin hueso |

## **Aliño**

| | |
|---|---|
| 1/4 | de taza de zumo de limón |
| 1 | cucharada de aceite de oliva |
| 1 | cucharada de vinagre balsámico |
| 1 | cucharadita de eneldo seco |
| 1/2 | cucharadita de sal y de pimienta negra |
| 2 | dientes de ajo chafados o 1 cucharadita de ajo en polvo |

Ponga a hervir las 2 tazas de agua. Agregue la quinua y tape la olla. Baje el fuego y cocine durante 15 o 20 minutos o hasta que se absorba el líquido. Remueva con ayuda de un tenedor, póngala en un recipiente y déjela a un lado. Caliente el *ghee* o el aceite de oliva en una cazuela. Incorpore los puerros y saltéelos ligeramente. Añada el caldo de verduras cuando la mezcla comience a secarse. Agregue 2 tazas de verduras y saltéelas hasta que empiecen a dorarse. No saltee los tomates. Retire las verduras del fuego y déjelas enfriar. Mezcle las alubias, el perejil, la hierbabuena y las aceitunas con la quinua. Trabaje los ingredientes con las manos para mezclarlos bien (use bolsas de plástico o guantes desechables). En otro recipiente, mezcle con una batidora de alambre los ingredientes del aliño y viértalos sobre la mezcla de quinua. Este plato puede servirse caliente con un entrante o usarse como relleno para verduras tales como alcachofas, calabacines o calabaza. También es excelente como ensalada fría.

## Raita de queso de soja cremoso, pepino y hierbabuena

| | |
|---|---|
| 175 g | de queso de soja cremoso, bajo en grasa, seco o extra seco |
| 1/4 | de taza de zumo de limón |
| 1 | cucharadita de aminoácido líquido Braggs o salsa Tamari |
| 1 | cucharadita de comino |
| 1 | cucharadita de eneldo seco |
| 2 | pepinos sin semillas, pelados y picados |
| 1/2 | taza apretada de hierbabuena fresca picada |
| 1/4 | de taza apretada de cilantro fresco picado |

Ponga el queso de soja, el zumo de limón y el Braggs en la licuadora o el robot de cocina. Licúe hasta que la mezcla tenga una textura suave. Incorpore el comino y el eneldo. Retire de la licuadora y ponga la mezcla en un recipiente hondo. Incorpore el pepino picado y las hierbas frescas. Si la mezcla está demasiado espesa, agregue zumo de manzana o agua para darle consistencia cremosa. También puede utilizar yogur en lugar de queso de soja.

## Ratatouille

| | |
|---|---|
| 1 | cucharada de *ghee* o de aceite de oliva |
| 2 | puerros grandes picados |
| 1 | cucharadita de pimienta negra |
| 1 | cucharadita de ajo en polvo (opcional) |
| 1 | cucharada de aminoácido líquido Braggs |
| 2 | cucharaditas de especias italianas |
| 1 | berenjena grande troceada en daditos |
| 2 | calabacines grandes cortados en dados |
| 3 | pimientos rojos y verdes grandes troceados en dados |

2         tazas de tomates cortados en daditos
1 y 1/2   tazas de caldo de verduras
1/2       taza de albahaca cortada en juliana

Caliente el aceite de oliva o el *ghee* en una olla sopera grande y añada los puerros, la pimienta, el ajo, el Braggs y las especias italianas. Agregue la berenjena, el calabacín y los pimientos y saltee durante 4 o 5 minutos. Incorpore luego los tomates y continúe cocinando a fuego lento. Añada el caldo de verduras cuando la mezcla comience a secarse. El cocido debe hervir a fuego lento durante 20 a 30 minutos. Agregue la albahaca fresca justo antes de servir.

### TRIÁNGULOS DE PASTA FILO CON NUECES Y JARABE DE ARCE

1     cucharadita de *ghee*
2     cucharadas de jarabe de arce
2     tazas de nueces picadas gruesas
1/4   de taza de copos de coco
1     cucharadita de canela
12    láminas de pasta filo de trigo integral
1/4   de taza de *ghee* o aceite vegetal para engrasar
1     cucharadita de nuez moscada

Caliente el *ghee* con el jarabe de arce en una sartén. Agregue las nueces y saltéelas hasta que queden bien impregnadas. Añada los copos de coco y la canela. Siga mezclando hasta que todo quede bien impregnado.

Corte una lámina completa de pasta filo en tiras de 1/2 centímetro. Esparza con cuidado el *ghee* sobre las láminas con ayuda de una brocha de pastelería. (También puede utilizar aceite vegetal atomizado en lugar del *ghee* para engrasar ligeramente las láminas.) Ponga cuatro tiras de pasta, unas encima de otras. Coloque parte de la mezcla de nueces en la esquina de la pasta filo.

Doble en forma de triángulo, empezando por la esquina y hasta que consiga la forma deseada. Ponga los triángulos sobre una bandeja para hornear engrasada, esparza un poco de *ghee* sobre ellos y espolvoréelos con nuez moscada. Hornee a 350 grados por espacio de 10 o 15 minutos, o hasta que estén dorados.

# Referencias bibliográficas

## 1
### LIBÉRESE DE LAS CADENAS DEL CONOCIMIENTO

Langer, Ellen: *Mindfulness*, Perseus Books, Reading (Massachusetts), 1989. [Versión en castellano: *Cómo obtener una mentalidad abierta*, Paidós, Barcelona, 1991.]

Leaf, Alexander: *Youth in Old Age*, McGraw-Hill, Nueva York, 1975.

## 2
### 1.ᴱᴿ PASO. REVIERTA SU EDAD BIOLÓGICA MODIFICANDO SUS PERCEPCIONES

Gray, Alex: *Sacred Mirrors: The Visionary Art of Alex Grey*, Inner Traditions International, Rochester (Vermont), 1990.

Murchie, Guy: *The Seven Mysteries of Life*, Houghton Miflin, Boston, 1978, pp. 321-322.

## 3
### 2.º PASO. REVIERTA SU EDAD BIOLÓGICA MEDIANTE DOS FORMAS DE DESCANSO PROFUNDO: REPOSO CONSCIENTE Y SUEÑO REPARADOR

#### *Estrés*

Cannon, Walter: «Voodoo death», *American Anthropologist*, 44 (1943), pp. 168-181.

Selye, Hans: *The Stress of Life*, McGraw-Hill, Nueva York, 1978.

*Meditación*

Elson, B. D., P. Hauri y D. Cunis: «Physiological changes in yoga meditation», *Psychophysiology*, 14 (1977), pp. 52-57.

Ghista, D. N., D. Nandagopal y otros: «Physiological characterization of the "meditative state" during intuitional practice (the Ananda Marga system of meditation) and its therapeutic value», *Medical and Biological Engineering*, 14 (1976), pp. 209- 213.

Glaser, J. L., J. L. Brind y otros: «Elevated serum dehydroepiandrosterone sulfate levels in practitioners of the Transcendental Meditation (TM) and TM-Sidhi programs», *Journal of Behavioral Medicine*, 15 (1992), pp. 327-341.

Wallace R. K.,: «Physiological effects of transcendental meditation», *Science*, 167, núm. 926 (1970), pp. 1.751-1.754.

—, M. Dillbeck y otros: «The effects of the transcendental meditation and TM-Sidhi program on the aging process», *International Journal of Neuroscience*, 16 (1982), pp. 53-58.

*Sueño*

Chopra, D.: *Restful Sleep*, Harmony Books, Nueva York, 1994.

Czeisler, C. A., y E. B. Klerman: «Circadian and sleep-dependent hormone release in humans», *Recent Progress in Hormone Research*, 54 (1999), pp. 97-130; comentario pp. 130-132.

Irwin, M., A. Mascovich y otros: «Partial sleep deprivation reduces natural killer cell activity in humans», *Psychosomatic Medicine*, 56 (1994), pp. 493-498.

Shochat, T., J. Umphress y otros: «Insomnia in primary care patients», *Sleep*, 22, supl. 2 (1999), pp. 359-365.

# 4

3.ER PASO. REVIERTA SU EDAD BIOLÓGICA NUTRIENDO SU CUERPO CON SUMO CUIDADO A TRAVÉS DE UNA ALIMENTACIÓN SANA

Key, Tj., G. K. Davey y P. N. Appleby: «Health benefits of a vegetarian diet», *Proceedings of the Nutrition Society*, 58 (1999), pp. 271-275.

Segasothy, M., y P. A. Phillips: «Vegetarian diet: panacea for modern lifestyle diseases?», *Quarterly Journal of Medicine*, 92 (1992), pp. 531-544.

Walter, P.: «Effects of vegetarian diets on aging and longevity», *Nutrition Reviews*, 55, núm. 1 (1997), S61-S65; comentario pp. 65-68.

5

4.º PASO. REVIERTA SU EDAD BIOLÓGICA UTILIZANDO SABIAMENTE LOS COMPLEMENTOS NUTRICIONALES

Los lectores interesados en la base científica de nuestras recomendaciones respecto a complementos nutricionales pueden consultar los siguientes trabajos.

Bauliey, E., G. Thomas, y otros: «Dehydroepiandrosterone (DHEA), DHEA sulfate, and aging: contribution of the DHEAge Study to a sociobiomedical issue», *Proceedings of the National Academy of Sciences*, 97 (2000), pp. 4.279-4.284.

Bell, K. M., S. G. Potkin, y otros: «S-adenosylmethionine blood levels in major depression: changes with drug treatment», *Acta Neurologica Scandinavica Supplementum*, 154 (1994), pp. 15-18.

Bressa, G. M.: «S-adenosyl-1-methanonine (SAMe) as antidepressant: meta-analysis of clinical studies», *Acta Neurologica Scandinavica Supplementum*, 154 (1994), pp. 7-14.

Cohn, L., A. G. Feller y otros: «Carpal tunnel syndrome and gynaecomastia during growth hormone treatment of elderly men with low circulating IGF-I concentrations», *Clinical Endocrinology*, 39 (1993), pp. 417-425.

Crook, T. H., J. Tinklenberg y otros: «Effects of phosphatidylserine in ageassociated memory impairment», *Neurology*, 41 (1991), pp. 644-649.

Emmert, D. H., y J. T. Kirchner: «The role of vitamin E in the prevention of heart disease», *Archives of Family Medicine*, 8 (1999), pp. 537-542.

Fine, A. M.: «Oligomeric proanthocyanidins complexes: history, structure, and phytopharmaceutical applications», *Alternative Medicine Review*, 5 (2000), pp. 144-151.

Glaser, J. L., J. L. Brind y otros: «Elevated serum dehydroepiandrosterone sulfate levels in practitioners of transcendental meditation TM and TM-Sidhi programs», *Journal of Behavioral Medicine*, 15 (1992), pp. 327-341.

Grimble, R. E., y P. S. Tappia: «Modulation of pro-inflammatory cytokine biology by unsaturated fatty acids», *Zietschrift fur Ernahrungswissenschaft*, 37, supl. 1 (1998), pp. 57-65.

Head, K. A.: «Ascorbic acid in the prevention and treatment of cancer», *Alternative Medicine Review*, 3 (1998), pp. 174-186.

Huppert, F. A., J. K. van Niekerk, y J. Herbert: «Dehydroepiandrosterone (DHEA) supplementation for cognition and well- being», *The Cochrane Database of Systematic Reviews*, 2 (2000), CD000304.

Kroboth, P., S. Firoozeh, y otros: «DHEA and DHEA-S: A Review», *Journal of Clinical Pharmacology*, 39 (1999), pp. 327-348.

Langsjoen, P. H. y A. M.: «Overview of the use of CoQ10 in cardiovascular disease», *Biofactors*, 9 (1999), pp. 273-284.

McAlindon, T. E., P. Jacques, y otros: «Do antioxidant micronutrients protect against the development and progression of knee osteoarthritis?» *Arthritis and Rheumatology*, 39 (1996), pp. 648-656.

—, M. P. La Valley, y otros: «Glucosamine and chondroitan for treatment of osteoarthritis: a systematic quality assessment and meta-analysis», *Journal of the American Medical Association*, 283 (2000), pp. 1.469-1.475.

Marcell, T. J., D. R. Taaffe, y otros: «Oral arginine does not stimulate basal or augment exercise-induced GH secretion in either young or old adults», *Journal of Gerontology. Series A, Biological Sciences and Medical Sciences*, 54 (1999), M395-399.

Martin-Du Pan, R. C.: «Are the hormones of youth carcinogenic?», *Annales d'Endocrinologie* (París), 60 (1999), pp. 392-397.

Meydani, S. N. y M., y otros: «Vitamine E supplementation and in vivo immune response in health elderly subjects», *Journal of the American Medical Association*, 277 (1997), pp. 1.380-1.386.

Papadakis, M. A., D. Grady, y otros: «Growth hormone replacement in healthy older men improves body composition but not functional ability», *Annals of Internal Medicine*, 124 (1996), pp. 708-716.

Perkins, A. J., H. C. Hendrie, y otros: «Association of antioxidants with memory in a multiethnic elderly sample using the Third National Health and Nutrition Examination Survey», *American Journal of Epidemiology*, 150 (1999), pp. 37-44.

Pryor, W. A., W. Stahl, y C. L. Rock: «Beta carotene: from biochemistry to clinical trials», *Nutrition Reviews*, 58 (2000), pp. 39-53.

Richardson, J. S.: «Neuroprotective agents», *Physical Medicine and Rehabilitation Clinics of North America*, 10 (1999), pp. 447-461.

Rigney, U., S. Kimber, e I. Hindmarch: «The effects of acute doses of standardized Ginkgo biloba extract on memory and psychomotor performance in volunteers», *Phytotherapy Research*, 13 (1999), pp. 408-415.

Rimm, E. B., y M. J. Stampfer: «Antioxidants for vascular disease», *Medical Clinics of North America*, 84 (2000), pp. 239-249.

Rudman, D., A. G. Feller, y otros: «Effects of human growth hormone in men over 60 years old», *New England Journal of Medicine*, 323 (1990), pp. 1-6.

Salvioli, G., y M. Neri: «L-acetylcarnitine treatment of mental decline in the elderly», *Drugs under Experimental and Clinical Research*, 20 (1994), pp. 169-176.

Seshadri, N., y K. Robinson: «Homocysteine, B vitamins, and coronary artery disease», *Medical Clinics of North America*, 84 (2000), pp. 215-237.

Shklar, G., y O. Se-Kying: «Experimental basis for cancer prevention by vitamin E», *Cancer Investigation*, 18 (2000), pp. 214-222.

Thal, L. J., A. Carta, y otros: «A 1-year multicenter placebo-controlled study of acetyl-L-carnitine in patients with Alzheimer's disease», *Neurology*, 47 (1996), pp. 705-711.

Yarasheski, K. E., J. J. Sachwieja, y otros: «Effect of growth hormone and resistance exercise on muscle growth and strength in older men», *American Journal of Physiology*, 268, núm. 2, parte 1 (1995), E268-76.

# 6
## 5.º PASO. REVIERTA SU EDAD BIOLÓGICA MEJORANDO LA INTEGRACIÓN ENTRE SU MENTE Y SU CUERPO

Garfinkel, M., y H. R. Schumacher, Jr.: «Yoga», *Rheumatic Diseases Clinics of North America*, 26 (2000), pp. 125-132.

—, A. Singhal, y otros: «Yoga-based intervention for carpal tunnel syndrome: a randomized trial», *Journal of the American Medical Association*, 280 (1998), pp. 1.601-1.603.

Hong, Y., J. X. Li, y P. D. Robinson: «Balance control, flexibility and cardiorespiratory fitness among older Tai chi practitioners», *British Journal of Sports Medicine*, 34 (2000), pp. 29-34.

Jain, S. C., A. Uppal, y otros: «A study of response pattern of non-insulin dependent diabetics to yoga therapy», *Diabetes Research and Clinical Practice*, 19 (1993), pp. 69-74.

Khanam, A. A., U. Sachdeva, y otros: «Study of pulmonary and autonomie functions of asthma patients after yoga training», *Indian Journal of Physiology and Pharmacology*, 40 (1996), pp. 318-324.

Mayer, M.: «Qigong and hypertension: a critique of research», *Journal of Alternative and Complementary Medicine*, 5 (1999), pp. 371-382.

Pandya, D. P., V. H. y S. H. Vyas: «Mind-body therapy in the management and prevention of coronary disease», *Comprehensive Therapy*, 25 (1999), pp. 283-293.

Wolf, S. L., H. X. Barnhart, N. G. Kutner, y otros: «Reducing frailty and falls in older persons: an investigation of Tai Chi and computerized balance training. Atlanta FICSIT Group. Frailty and Injuries: Cooperative Studies of Intervention Techniques», *Journal of the American Geriatric Society*, 44 (1996), pp. 489-497.

Xu, S. H.: «Psychophysiological reactions associated with qigong therapy», *Chinese Medical Journal*, 107 (1994), pp. 230-233.

## 6.º PASO. REVIERTA SU EDAD BIOLÓGICA MEDIANTE EL EJERCICIO

Carpenter, D. M., y B. W. Nelson: «Low back strengthening for the prevention and treatment of low back pain», *Medicine and Science in Sports and Exercise*, 31 (1999), pp. 18-24.

Douillard, J.: *Body, Mind and Sport*, Random House, Nueva York, 1994.

Evans, W., e I. H. Rosenberg: *Biomarkers.The 10 Determinants of Aging You Can Control*, Simon & Schuster, Nueva York, 1992.

Fox, K. R.: «The influence of physical activity on mental well being», *Public Health Nutrition*, 2 (1999), pp. 411-418.

Hassmen, P., N. Koivula, y A. Uutela: «Physical exercise and psychological well-being: a population study in Finland», *Preventive Medicine*, 30 (2000), pp. 17-35.

Kokkinos, P. F., y V. Papademetriou: «Exercise and hypertension», *Coronary Artery Disease*, 11 (2000), pp. 99-102.

Messier, S. P., T. D. Rover, y otros: «Long-term exercise and its effect on balance in older, osteoarthritic adults: results from the Fitness, Arthritis, and Seniors Trial (FAST)», *Journal of the American Geriatric Society*, 48 (2000), pp. 131-138.

Miller, T. D., G. J. Balady, y G. F. Fletcher: «Exercise and its role in the prevention and rehabilitation of cardiovascular disease», *Annals of Behavioral Medicine*, 19 (1997), pp. 220-229.

Roberts, J. M., y K. Wilson: «Effect of stretching duration on active and passive range of motion in the lower extremity», *British Journal of Sports Medicine*, 33 (1999), pp. 259-263.

Rockhill, B., W. C. Willett, y otros: «A prospective study of recreational physical activity and breast cancer risk», *Archives of Internal Medicine*, 25, núm. 159 (1999), pp. 2.290-2.296.

Saltin, B., J. H. Blomqvist, y otros: «Responses to exercise after bed rest and after training», *Circulation*, 38, supl. 7 (1968), VII/1- VII/78.

Ulrich, C. M., C. C. Georgiou, y otros: «Lifetime physical activity is associated with bone mineral density in premenopausal women», *Journal of Women's Health*, 8 (1999), pp. 365-375.

## 8
### 7.º PASO. REVIERTA SU EDAD BIOLÓGICA ELIMINANDO LAS TOXINAS DE SU VIDA

Batmanghelidj, F.: *Your Body's Many Cries for Water*, Global Health Solutions, Falls Church (Virginia), 1997.

Mack, G. W., C. A. Weseman, y otros: «Body fluid balance in dehydrated healthy older men: thirst and renal osmoregulation», *Journal of Applied Physiology*, 76 (1994), pp. 1.615-1.623.

Raichur, P.: *Absolute Beauty*, HarperPerennial, Nueva York, 1997. [Versión en castellano: *Ayurveda: las mejores técnicas para conseguir una belleza verdadera*, Gestión 2000, Barcelona, 2000.]

Rosenberg, M. B.: Nonviolent Communication, PuddleDancer Press, Del Mar (California), 1999. [Versión en castellano: *Comunicación no violenta: cómo utilizar el poder del lenguaje para evitar conflictos y alcanzar soluciones pacíficas*, Urano, Barcelona, 2000.]

Sachs, M.: *Ayurvedic Beauty Care*, Lotus Press, Twin Lakes (Wisconsin), 1994.

Stookey, J. D.: «The diuretic effects of alcohol and caffeine and total water intake misclassification», *European Journal of Epidemiology*, 15 (1999), pp. 181-188.

Stout, N. R., R. A. Kenny, y P. H. Baylis: «A review of water balance in aging in health and disease», *Gerontology*, 45 (1999), pp. 61-66.

## 9
### 8.º PASO. REVIERTA SU EDAD BIOLÓGICA CULTIVANDO LA FLEXIBILIDAD Y LA CREATIVIDAD EN LA CONCIENCIA

Easwaran, Eknath: *Dialogue With Death*, Nilgiri Press, Tomales (California), 1998.

Foundation for Inner Peace: *A Course in Miracles*, Tiburón (California), 1975.

Goswami, Amit: *Quantum Creativity*, Hampton Press, Cresskill (Nueva Jersey), 1999.

## 10
### 9.º PASO. REVIERTA SU EDAD BIOLÓGICA A TRAVÉS DEL AMOR

Agarwal, R., S. Diwanay, y otros: «Studies on immunomodulatory activity of Withania somnifera (Ashwagandha) extracts in experimental immune inflammation», *Journal of Ethnopharmacology*, 67 (1999), pp. 27-35.

Al-Qarawi, H. A. Abdel-Rahman, y otros: «The effect of extracts of Cynomorium coccineum and Withania somnifera on gonadotrophins and ovarian follicles of immature wistar rats», *Phytotherapy Research*, 14 (2000), pp. 288-290.

Brecher, E. M.: *Love, Sex and Ageing. Consumer's Union report*, Little, Brown (Boston), 1984.

Choi, Y. D., R. H. Rha, y H. K. Choi: «In vitro and in vivo experimental effect of Korean red ginseng on erection», *Journal of Urology*, 162 (1999), pp. 1.508-1.511.

Deepak and friends: *A Gift of Love*, Tommy Boy Music, Nueva York (1998).

Frasure-Smith, N., y R. Prince: «The ischemic heart disease life stress monitoring program: impact on mortality», *Psychosomatic Medicine*, 47 (1985), pp. 431-445.

McClelland, D. C.: «The effect of motivational arousal through films on salivary immunoglobulin A», *Psychology and Health*, 2 (1988), pp. 31-52.

Medalie, J. H., y U. Goldbourt: «Angina pectoris among 10,000 men. II. Psychosocial and other risk factors as evidenced by a multivariate analysis of a five-year incidence study», *American Journal of Medicine*, 60 (1976); pp. 910-921.

Nerem, R. M., M. J. Levesque, y J. F. Cornhill: «Social environment as a factor in diet-induced atherosclerosis», *Science*, 208 (1980), pp. 1.475-1.476.

Sharma, S., S. Ramji, y otros: «Randomized controlled trial of Asparagus racemosus (Shatavari) as a lactogogue in

lactational inadequacy», *Indian Pediatrics*, 33 (1996), pp. 675-677.
Simon, D., y D. Chopra: *The Chopra Center Herbal Handbook,Forty Natural Prescriptions for Perfect Health*, Three Rivers Press, Nueva York, 2000. [Versión en castellano: *Manual de plantas medicinales. Centro Chopra: cuarenta recetas naturales para alcanzar una salud perfecta*, Paidós, Barcelona, 2001.]
Spiegel, D., J. R. Bloom, y otros: «Effect of psychosocial treatment on survival of patients with metastatic breast cancer», *Lancet*, 2 (1989), pp. 88-91.

## 11
### 10.º PASO. REVIERTA SU EDAD BIOLÓGICA MANTENIENDO LA MENTE JOVEN

Kamci, T., H. Kumano, y S. Masumura: «Changes of immunoregulatory cells associated with psychological stress and humor», *Perceptual and Motor Skills*, 84 (1997), pp. 1.296-1.298.
Ladinsky, D.: *I Heard Cod Laughing,Renderings of Hafiz, Sufism Reoriented*, Walnut Creek (California), 1996.
Maslow, A. H., R. Frager, y J. Fadiman: *Motivation and Personality*. Boston: Addison-Wesley Pub Co, 1997.
Richman, J.: «The lifesaving function of humor with the depressed and suicidal elderly», *Gerontologist*, 35 (1995), pp. 271-273.

## Epílogo

Hilton, J.: *Lost Horizon*, Pocket Books/Simon & Schuster, Nueva York, 1933, 1960.
Osho: *The Book of Secrets*, St. Martin's Griffin, Nueva York, 1974.

# Agradecimientos

Existen muchas personas que han contribuido a nuestro sueño colectivo que está transformando nuestra visión de la salud, el envejecimiento y la vida como tal. Les damos las gracias a todos ustedes desde el fondo del corazón por recordarnos periódicamente nuestro propósito esencial.

En especial, queremos expresar nuestro agradecimiento a: Carolyn Rangel, Nan Johnson, Jennifer Pugh, Nicolette Martin, Jenny Hatheway, Roger Gabriel, Dennis Sugioka, Jude Hedlund, Sara Kelly, Veronique Franceus, Brent Becvar, Chantal Kovatch, Debbie Myers, y al magnífico equipo del Centro Chopra para el Bienestar y de MyPotential.

A Leanne Backer, por desarrollar nuestro menú para revertir el envejecimiento y por su habilidad para transformar la comida en amor.

Y a Peter Guzzardi, nuestro excelente editor, a quien tanto debemos.

También damos las gracias a nuestras familias que con su amor y apoyo nos permitieron terminar este trabajo: Rita Chopra, Mallika Chopra, Sumant Mandal, Gautama Chopra, Pamela Simon, Max Simon y Sara Simon.

Si desea obtener mayor información sobre el programa para rejuvenecer y vivir más tiempo, visite la página web www.chopra.com

# Índice

Introducción .......................... 7

1. Libérese de las cadenas del condicionamiento  13

2. 1.er PASO. Revierta su edad biológica modificando sus percepciones ........... 29

3. 2.º PASO. Revierta su edad biológica mediante dos formas de descanso profundo: Reposo consciente y sueño reparador ............ 49

4. 3.er PASO. Revierta su edad biológica nutriendo su cuerpo con sumo cuidado a través deuna alimentación sana .......... 71

5. 4.º PASO. Revierta su edad biológica utilizando sabiamente los complementos nutricionales ....................... 95

6. 5.º PASO. Revierta su edad biológica mejorando la integración entre su mente y su cuerpo ............................. 121

7. 6.º PASO. Revierta su edad biológica mediante el ejercicio ........................ 143

8. 7.º PASO. Revierta su edad biológica eliminando las toxinas de su vida ........ 161

9. 8.º PASO. Revierta su edad biológica cultivando la flexibilidad y la creatividad en la conciencia ...................... 187

10. 9.º PASO. Revierta su edad biológica a través del amor ...................... 207

11. 10.º PASO. Revierta su edad biológica manteniendo la mente joven ............ 229

Epílogo ................................. 247

Recetas para rejuvenecer y vivir más tiempo ... 255

Referencias bibliográficas .................. 299

Agradecimientos ......................... 309

«Para viajar lejos no hay mejor nave que un libro».

EMILY DICKINSON

# Gracias por tu lectura de este libro.

En **penguinlibros.club** encontrarás las mejores recomendaciones de lectura.

Únete a nuestra comunidad y viaja con nosotros.

**penguinlibros.club**